KB001666

언간, 조선시대
한글로 쓴 편지

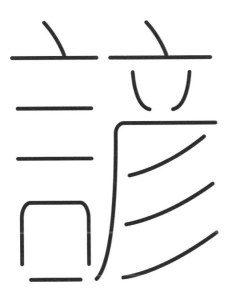

10 한국국학진흥원 교양학술 총서
고전에서 오늘의 답을 찾다

언간, 조선시대
한글로 쓴 편지

한국국학진흥원 연구사업팀 기획 | **이남희** 지음

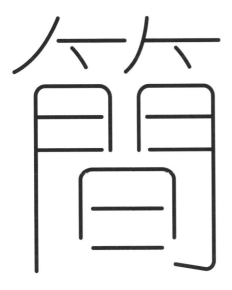

은행나무

차 례

머리말

1 조선, 한글, 편지

'조선시대 한글로 쓴, 편지' 하면, 누구나 쉽게 읽을 수 있을 것 같지 않은가. 그런데 그런 편지를 실물로 보면 그렇지 않다는 것을 고백하지 않을 수 없다. 막상 편지 내용을 들여다보면, 한글이라서 읽을 수 있는 글자도 있지만 모든 문장이 쉽게 해독되는 것은 아니다. 띄어쓰기도 되어 있지 않은데다, 흘려서 쓴 글씨는 마치 한자의 초서체 같다는 느낌을 받는다. 설령 읽을 수 있다 하더라도 뜻을 모르는 단어들이 툭툭 튀어나온다.

어떻게 해야 그런 편지를 읽어낼 수 있을까? 그 분야 전문가들의 손길이 필요하며 역시 몇 단계의 작업을 거쳐야 한다. 우선 ① 판독判讀 작업이다. 편지에 담긴 내용을 활자화하는 작업이다. 일차적으로 원문 그대로 판독해 내는 것, 이어 오늘날처럼 띄어쓰기를 하는 것이 좋을 듯하다. ② 주해註解 혹은 주석은 편지 내용과 관련해서 이해를 돕기 위한 작업으로, 어려운 문구나 용어에 대한 설명, 이해를 도와주는 것이다. ③ 번역 작업은 크게 두 단계로 나누어 생각해 볼 수 있다. 우선 주석과 주해를 참조, 반영한 일차 번역으로, 가능한 한 원문에 충실하게 번역하는 것이다. 이어 오늘날의 언어와 같은 방식으로 번역해 내는 단계, 즉 현대어 번역까지 나아가야 한다. 이처럼 몇 단계로 작업이 진행되면, 보는 사람들은 자신의 필요에 따라 접근할 수 있으며, 한 단계씩 읽어갈 수도 있을 것이다.

그렇게 읽어가다 보면, 문득 궁금한 순간이 올 수 있다. 편지의 내용을 알고 보면, 원래 모습은 어떻게 생겼을까 하는 것이다. 자료가 소장된 박물관이나 도서관에 가서 직접 보는 것이 제일 좋겠지만, 시간과 공간의 제약이 따르게 마련이다. 실물 정보를 동시에 제공해 주는 ④ 사진 자료를 볼 수 있다면, 어느 정도 해소될 수 있을 것이다. 한 걸음 더 나아간다면, 그 편지 자료에 대한 연구자의 간략한 설명 내지 해설, 다시 말해서 ⑤ 해제까지 덧붙인다면 더 좋을 것이다. 조선시대의 한글 편지에 대한 연구는 다행히도 이 같은 단계 작업을 꾸준히 해 오고 있다. 그 같은 자료를 모아서 정리하는 ⑥ 목록 작업, 그리고 그들을 한데 모아서 종합화하는 방안으로 ⑦ 데이터베이스를 구축하는 단계에까지 나아가고 있다. 말하자면 인문정보학의 좋은 연구 대상임과 동시에 도움을 받을 수 있는 단계를 지나고 있다고 할 수 있다.

여기서 한 가지 덧붙여 둔다면 '조선시대에 한글로 쓰인 편지'를 무엇이라 부르는 것이 좋을까? 이미 나온 연구들을 보면 '언간諺簡'과 '간찰簡札'이라는 용어가 눈에 띈다. '한글 간찰(언간)'이라 표기한 것도 있다. 그런데 간찰이란 용어는 한문으로 쓴 편지와 한글로 쓴 편지를 다 포괄한다. 한글 간찰이란 말 자체가 이미 한문 간찰을 전제하고 있는 셈이다. 한글 간찰 내지 한글 편지를 지칭하는 간략한 명칭으로는 역시 '언간'이 좋을 듯하다.

무엇보다 '諺'이 언문, 한글, 훈민정음 창제(1443)라는 의미까지 담을 수 있으며, '簡'은 편지라는 형태를 나타내 주기 때문이다. 서간, 간찰이란 용어 역시 그러하다. 뿐만 아니라 조선 후기에 등장하는 일종의 한글 간찰 서식집이라 할 수 있는 『언간독』, 『증보언간독』에서 '언

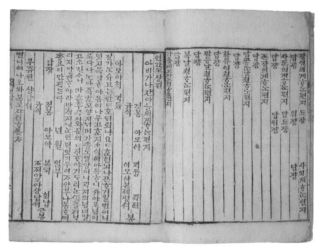

[그림1] 『언간독』, 국립한글박물관 소장

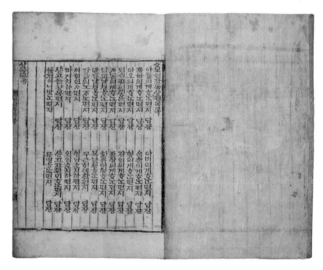

[그림2] 『증보언간독』, 국립한글박물관 소장

간독'이란 용어도 사용하고 있다는 점을 환기시키고 싶
다(그림1과 그림2 참조).

흔히 한문 편지투를 간독簡牘이라 한 데에 대해서 한
글 편지투를 구별하려고 앞에 언諺 자를 덧붙인 것이다
(언+간독). 하나의 참고 자료가 될 수 있지 않을까 한다.
『언간독』에 대해서 '언간식'(또는 편지투)이라 부르기도
했기 때문이다. 언간식에 대해서는 '언간+식'으로 읽어
도 무리는 없겠다.

2 언간 연구,
어디서 오고 있는가

  언간 자료가 직접적으로 연구 대상이 된 것은 1948년
에 출간된 이병기李秉岐(1891~1968)의 『근조내간선近朝內
簡選』을 먼저 들어야 할 것이다. 제목에 '내간'이란 단어
가 들어가 있듯이, 16세기 후반부터 19세기 중반에 이
르는, 이른바 '내간체' 자료를 소개한 것이다. 언간 자료
가 대부분이지만, 언문 전교傳敎와 소지所志 자료도 포함
하고 있다. 조선시대의 언간 자료를 폭넓게 소개한 최초
의 단행본이라는 의미를 갖는다. 하지만 언간 원본에 대
해 적절한 소개와 설명 없이 간단한 주해와 함께 판독
문만 수록하고 있다. 수록된 언간 원본의 소재마저 알
수 없는 경우도 있다. 언간 자료의 집대성, 종합화 작업
이 필요하다는 것을 여실히 느끼게 해 준다.

실질적으로 언간 연구에 도약의 계기와 발판을 마련한 연구자로는 김일근金一根(1925~2009)을 들 수 있다. 『이조어필언간집李朝御筆諺簡集』(1959), 『친필언간총람親筆諺簡總覽』(1974), 『언간의 연구』(1986, 1991) 등을 세상에 내놓았다. 책 제목에 '언간'이라는 용어를 분명하게 사용했다는 점에서도 의미가 있다.

언간 연구를 위한 일차 자료로서의 가치를 지금도 인정받고 있는 『이조어필언간집』에는 『선묘어필첩宣廟御筆帖』, 『신한첩宸翰帖』, 『현종어필첩』에 수록된 국왕과 왕후의 언간 36건을 소개한 것이다. 판독문과 더불어 해설, 교주校註를 덧붙이고 있다. 언간의 서지 사항에 대해 고증하고 있으며, 원본 사진을 함께 실어 일차 자료로서의 활용 가치를 높였다.

『친필언간총람』은 박사학위논문을 쓰면서 연구 대상 자료로 수집, 정리해 온 친필 언간을 소개한 것이다. 거기에 『이조어필언간집』의 판독문도 포함시켰다. 하지만 그 해설과 교주 부분이 빠졌으며, 언간의 원본 사진만 부록으로 덧붙였다. 『언간의 연구』는 『친필언간총람』에다 「추사 김정희의 언간자료 총람」과 한글 고문서를 소개한 「정법문서政法文書의 한글 실용고」를 부록으로 덧붙였다. 16세기 후반부터 19세기 후반에 이르는 시기의 언간 자료들을 한데 모아 놓았다는 점에서 의의가 있다.

이 같은 선구적인 연구들을 디딤돌 삼아서, 조선시대의 한글 편지 연구는 그 질과 양에 있어서 현격한 발전을 보여 주고 있다. 종래 국어학 분야 중심의 연구에서 보다 다양한 분야에서 관심을 갖게 되었다. 현재 진행 중이라 해도 좋겠다. 그 같은 양상은, 이 책의 끝부분에 정리해 놓은 참고문헌을 보면 알 수 있을 것이다. 여기서는 간행된 주요 단행본을 근거로 하여 간략하게 살펴보는 정도에 머물고자 한다.

◎ 주요 단행본

김일근(1986/1991), 『언간의 연구: 한글서간의 연구와 자료
　　집성』, 건국대학교출판부.
조항범(1998), 『주해 순천김씨묘출토간찰』, 태학사.
황문환(2002), 『16, 17세기 언간의 상대경어법』, 태학사.
백두현(2003), 『현풍곽씨언간 주해』, 태학사.
한국학중앙연구원 편(2005), 『조선 후기 한글 간찰(언간)의
　　역주 연구』 1~3, 태학사.

이종덕(2005), 『17세기 왕실 언간의 국어학적 연구』, 서울시 립대학교 박사학위논문.

이기대 편저(2007), 『명성황후 편지글』, 다운샘.

한국학중앙연구원 편(2009), 『조선후기 한글 간찰(언간)의 역주 연구』4~10, 태학사.

이승희(2010), 『순원왕후의 한글편지』, 푸른역사.

황문환 외(2013), 『조선시대 한글편지 판독자료집』1~3, 역락.

황문환(2015), 『언간(諺簡): 조선시대의 한글편지』, 역락.

백두현(2011), 『한글편지로 본 조선시대 선비의 삶』, 역락.

_____(2015), 『한글편지에 담긴 사대부가 부부의 삶』, 한국 학중앙연구원출판부.

_____(2019), 『현풍곽씨언간 주해(증보판)』, 역락.

박정숙(2017), 『조선의 한글 편지: 편지로 꽃피운 사랑과 예 술』, 다운샘.

장요한(2019), 『『宸翰帖 坤』의 연구 및 역주』, 계명대학교 출 판부.

배영환(2021), 『조선시대 언간을 통해 본 왕실 남성의 삶』, 역락.

이남희(2021), 『조선시대 언간을 통해 본 왕실 여성의 삶과 생활세계』, 역락.

이래호(2021), 『조선시대 언간을 통해 본 사대부가 남성의 삶』, 역락.

신성철(2021),『조선시대 언간을 통해 본 사대부가 여성의
삶』, 역락.

　우선, 연구를 위한 토대 작업으로 조선 후기 언간에
대한 역주 작업한국학중앙연구원 편, 2005; 2009, 나아가서는 판
독 자료집황문환 외, 2013이 간행되었다는 점을 들 수 있다.
흩어져 있던 자료들이, 한 군데 모이게 되었다는 점에서
의의가 있다. 그리고 한곳에서 출토된 언간(간찰) 자료
(『순천김씨묘 출토 간찰』,『현풍곽씨언간』)에 대한 집중적인
주해 작업조항범, 1998; 백두현, 2003, 2019과『신한첩 곤』역주
작업장요한, 2019 등이 이루어졌다.
　둘째, 본격적인 연구가 시작되었다는 점이다. 16,
17세기 언간의 상대 경어법에 주목한 연구가 이루어졌
으며황문환, 2002, 17세기 왕실의 언간을 집중적으로 다룬
박사학위논문이종덕, 2005도 나왔다. 아울러 개별 인물이
남긴 언간에 대한 본격적인 연구 역시 이어지고 있다.
명성황후이기대 편저, 2007, 순원왕후이승희, 2010의 한글 편지
에 대한 연구 등이 있다. 이런 연구가 가능했던 것은, 개
별 인물들이 상당한 양에 이르는 한글 편지를 남겼고,

연구자가 이용할 수 있었기 때문이다.

셋째, 조선시대 한글 편지를 자료로 삼아 편지를 쓰고 보낸 사람들의 삶과 생활에 주목하는 연구가 나왔다. 연구로는 한글 편지를 통해 선비와 사대부 부부의 삶에 주목한 연구 백두현, 2011, 2015, 왕실 남성과 여성의 삶과 생활 세계를 다룬 연구 배영환, 2021; 이남희, 2021, 사대부가 남성과 여성의 삶에 주목한 연구 이래호, 2021; 신성철, 2021 등을 들 수 있다. 왕실 남성과 여성, 사대부가 남성과 여성의 삶에 대한 연구는 조선시대 네 부류의 삶에 초점을 맞추고 공동 연구가 진행되어, 결과물로 한국학총서 시리즈 4책이 나왔다.

이 작업들은 조선시대 한글 편지를 연구자나 일반인 곁으로 가깝게 가져다주었다고 할 수 있다. 그와 관련해서 언간에 대한 종합 입문서로 나온 황문환(2015) 그리고 한글 편지를 읽어가는 데 필요한 공구서로서의 고어사전 하영휘 외 편저, 2011; 황문환 외, 2016 등도 나왔다는 것을 덧붙여 두고자 한다.

3 언간 연구의 활성화

조선시대의 한글 편지, 언간에 대한 연구는 2천 년대 이후 활성화되었으며 접근 방식 또한 다양화하고 있다. 아울러 종래의 국어학, 국문학 분야를 넘어서 인접 학문 분야로 확산되고 있다. 이 같은 추세는 한층 더 가속화 될 것으로 보인다. 이 같은 활성화, 다양화는 학문 연구 자들이 관심을 가지고 연구한 덕분에 가능했지만, 다음 과 같은 언간 연구와 관련해서 다음 두 가지 측면 역시 상당히 영향을 미친 것으로 여겨진다.

우선, 이미 알려져 있던 한글 편지 외에, 새로운 한 글 편지들이 발견되었다는 점이다. 다시 말해서 지금까 지 전혀 알려지지 않았던 언간 자료들이 새롭게 출토 된 것이다. 묘지를 이장하는 과정에서, 필사본 언간 자료들이 대거 발견되었다. 제2장에서 자세히 살펴보겠지만, 1970년대 후반부터 순천김씨묘(1977), 진주하씨묘(1989), 이응태묘(1998), 진주유씨가(2001), 파평윤씨 모자 미라(2002), 신창맹씨묘(2011), 청풍김씨묘(2016) 출토 언간 등을 들 수 있다.

새롭게 발견된 한글 편지는 언간 연구자의 관심은 물론 일반인의 관심까지 끌었다. 언간에 담겨 있는 그 시대의 생생한 모습은 언론의 주목을 받을 만한 것이었다. 예컨대 택지 개발 과정에서 나타난 이응태李應台묘(1556~1586) 출토 언간의 작성자는 그의 부인이었다. 서른한 살의 젊은 나이, 자신과 태중의 아이를 남겨둔 채 요절한 남편을 그리며 쓴 애절한 편지다. 그래서 '원이 어머니 편지'로 불리기도 한다. "원이 아버지께"로 시작하는, 절절한 사랑이 묻어 나오는 사연, 자신의 머리카락으로 짠 미투리(신발), 그 사연은 듣는 이들의 심금을 울리기에 충분했다. 또한 남편을 '자네'라 부르는 등의 모습은 남존여비로 생각하기 쉬운 조선시대의 남녀 관계를 다시 생각해 볼 수 있게 해 주었다. '자네'라는 말은 임진왜란 이전에는 상대를 높이거나 동등하게 대하는 말이었기 때문이다.

이응태묘 출토 언간에 담긴 이야기는 KBS 역사 스페셜 「조선판 사랑과 영혼」(1998)에서 다루어지기도 했다. 나아가 뮤지컬, 애니메이션, 소설 등의 재료가 되어 주었다. 애절한 사랑 이야기는《내셔널 지오그래픽National Geographic》(2007), 고고학 잡지《앤티쿼티Antiquity》(2009, "Eung Tae's tomb: a Joseon ancestor and the letters of those

[그림3] 이응태묘 출토 언간, 《아케올로지》, 2010년 3.4월호

that loved him"),《아케올로지Archaeology》(2010, "Korean Love Affair")에 소개되기도 했다.

다른 하나의 측면으로는 박물관이나 예술 관련 기관 등에서 한글 편지와 관련해서 기획 전시회를 꾸준히 개최하기도 하고, 그에 맞추어 전시 도록이나 관련 책자를 펴냈다는 점을 들어야 할 것이다. 전시 도록의 경우, 원본 이미지를 제공하면서 설명이나 해제까지 덧붙여 한글 편지를 가깝게 느낄 수 있도록 해 주었다.

◎ 주요 전시 및 원본 도록

『한글서예변천전』(예술의전당, 1991)

『조선왕조어필』(예술의전당 서울서예박물관, 2002)

『순천김씨묘 출토 간찰』(2002, 충북대학교 박물관)

『추사 한글편지』(예술의전당 서울서예박물관, 2004)

『정조어필한글편지첩』(국립한글박물관, 2004)

「옛 한글 편지전」(국립국어원 디지털한글박물관, 2007)

『명성황후 한글편지와 조선왕실의 시전지』(국립고궁박물관, 2010)

『숙명신한첩: 조선 왕실의 한글 편지』(국립청주박물관, 2011)

『곤전어필, 정조어필한글편지첩, 김씨부인한글상언』(국립한

글박물관, 2014)

『한글 편지, 시대를 읽다』(국립한글박물관, 2015)

『한글: 소통과 배려의 문자』(한국학중앙연구원 장서각, 2016)

『공쥬, 글시 뎍으시니: 덕온공주 집안 3대 한글 유산』(국립한

국박물관, 2019)

『덕온공주가의 한글』1~2(국립한글박물관, 2019~2020)

『순천김씨묘 출토 간찰』(충북대학교박물관, 2002), 『추

사 한글 편지』(예술의전당 서울서예박물관, 2004), 『정조어

필한글편지첩』(국립한글박물관, 2004), 『명성황후 한글 편

지와 조선왕실의 시전지』(국립고궁박물관, 2010), 『숙명신

한첩: 조선 왕실의 한글 편지』(국립청주박물관, 2011), 『곤

전어필, 정조어필한글편지첩, 김씨부인한글상언』(국립

한글박물관, 2014) 등은 개별 인물의 한글 편지, 출토된 간

찰 등을 활자화해서 보급한 작업으로서의 의미가 있다.

관심이 있다면 개인 차원에서 이제 '소장'하고서 언제

든지 펼쳐볼 수 있게 된 것이다.

『한글서예변천전』(예술의전당, 1991)은 한글 서예와 관

련해서 왕실 인물(왕과 왕후에 한정)과 사대부가 인물의

글씨를 다루고 있다. 도록이니만큼 사진 자료 위주로 편

집되어 있고, 간략한 해설이 덧붙어져 있다. 『조선왕조어필』(예술의전당 서울서예박물관, 2002)의 경우, 그 이름에 걸맞게 왕실 인물(왕, 왕후, 왕자, 공주 등)의 글씨를 수록하고, 판독문과 해제를 덧붙이고 있다. 원본 이미지를 제공하여 생생한 느낌을 안겨 줄 수 있다는 점에서 의미를 갖는다.

「옛 한글 편지전」(국립국어원 디지털한글박물관, 2007)은 온라인 기획전으로 언간을 모아서 전시했다는 특징이 있다. 편지 보내는 사람의 신분에 따라 왕실의 편지(선조, 효종, 숙종, 정조, 흥선대원군, 효종비, 순종비), 사대부의 편지(정철, 김성일, 정경세, 송준길, 송시열, 임영, 김정희), 서민의 편지(친정어머니가 딸에게, 아내가 죽은 남편에게, 남편이 재취 부인에게, 딸이 친정어머니께, 상전이 소작노에게, 어머니가 아들에게, 남편이 아내에게) 세 부류로 나누고, 각 7건씩 총 21건을 전시했다. 원본 이미지와 함께 간략한 해제와 판독문, 현대어역 등을 같이 제공했다.

한편 『한글 편지, 시대를 읽다』(국립한글박물관, 2015)에서는 옛 한글 편지와 함께 근대 이후의 한글 편지까지 폭넓게 담아내고 있다. 현존하는 가장 오래된 나신걸의 한글 편지로부터 1990년대 이후 전자우편(이메일)과

최근의 SNS(소셜 네트워크 서비스)에 이르기까지 다양한 소통 수단을 통한 시대의 이야기를 전시로 소개하고, 소통 매체의 변화와 관련된 언어·문자 생활 역시 흥미롭게 풀어내었다. 한글 반포 570돌 기념에 맞춰서 개최한 전시회 도록『한글: 소통과 배려의 문자』(한국학중앙연구원 장서각, 2016)에도 10여 건의 한글 편지가 수록되어 있다.

근래에 주목할 만한 전시회로는 국립한글박물관의 2019년 기획특별전이 있다. 조선의 마지막 공주 덕온德溫(1822~1844)과 아들, 손녀 3대가 쓴 한글 및 생활 자료 200여 점을 한곳에 모아 전시했다.『공쥬, 글시 뎍으시니 : 덕온공주 집안 3대 한글 유산』(2019)은 조선의 마지막 공주 덕온 집안에서 대대로 내려오는 귀중한 한글 유산을 보여 주었다. 덕온공주와 양아들 윤용구 그리고 손녀 윤백영으로 이어지는 가족 이야기와 한글 자료라는 점에서 주목된다. 그와 관련해서 간행된『덕온공주가의 한글』1~2(2019·2020)에는 왕실 관련 한글 편지(순원왕후, 신정왕후, 명헌왕후, 철인왕후, 명성황후, 궁인) 외에도 다양한 자료가 수록되어 있어 주목된다.

1장

언간과 한글
그리고 훈민정음

1 언간과 언문

    사전적인 정의에 따르자면, 언간은 '조선'시대에 '한글'로 쓰인 '편지'를 가리키며, 한자로는 '諺簡', 영어로는 'Korean old vernacular letters'라 한다. 우선 시대적으로는 조선시대, 더 정확하게는 한글이 창제된 1443년부터 1894년(뒤에서 보겠지만 이때 언문이 '국문'의 지위를 얻게 된다)까지 쓰였다는 '시대성'을 갖는다. 다음으로 사용된 문자는 한글이라는 것이다. 하지만 엄격하게 보면 한글이라는 단어 자체는 20세기에 들어서 정착된 명칭이다. 근대에 들어선 이후 새로 만들어진 단어다. 1910년대 초에 주시경을 비롯한 학자들이 '한글'이라 쓰기 시작한 것이다.

    문자로서의 연원을 찾아 올라가다 보면, 조선 제4대

국왕 세종이 창제(1443), 반포(1446)한 '훈민정음'에 이르게 된다. '백성을 가르치는 바른 소리訓民正音'임을 선언했지만(그것은 당시 붙인 이름이었고) 일반적으로 그렇게 부르지는 않았다. 흔히 '언문諺文'이라 불렸다. 언문이란 말 자체가 그에 대한 인식을 말해 준다. 왜 그런가. '언諺'이란 한자어에는 무엇보다 상말, 속담俗談, 속되다, 고상하지 못하고 천하다 등의 의미가 담겨 있기 때문이다. 언문에 담겨 있는 사회적 성격은 당시 진서眞書, 문자文字로 불리던 한문과 대비되고 있다. 『표준국어대사전』에 따르면, 언간은 "예전에, 언문 편지라는 뜻으로, 한글로 쓴 편지를 낮잡는 뜻으로 이르던 말"이라 했다.

그와 관련해 일본어에서 '諺' 자는 음독으로는 겐げん, 훈독으로는 고토와자ことわざ라고 읽는다. 상말, 이언俚諺, 속담 등의 뜻을 갖는다. 하지만 '언문'의 경우 한자와 구별되는 일본 문자, 즉 가나(히라가나, 가타가나)를 가리키는 말로 쓰이기도 한다. 그렇다면 '諺文'은 한자문화권 안에서 한자와 구별되는 자기 나라[自國]의 문자를 가리킨 것으로 볼 수도 있지 않을까 한다. 그리고 '편지'는 안부, 소식, 용무 따위를 적어 보내는 글, 내지 소식을 서로 알리거나 용건을 적어 보내는 글 또는 그리하

는 일을 가리킨다. 한자로는 便紙, 片紙로 적기도 했다.

　이렇게 본다면 언간은 조선시대에 언문, 즉 한글로 쓴 편지를 가리킨다. 언간은 또한 내간, 언문간찰, 언문 편지, 언서諺書, 언찰諺札 등으로 불리기도 했다. 언간은 일차적으로 한문으로 쓴 편지와 구별되지만, 동시에 한문 편지와 더불어 조선시대의 편지 전체, 즉 '간찰書札, 書簡' 범주를 구성하고 있다.

2 훈민정음과 한글

1443년(세종 25) 창제된 '훈민정음'이라는 이름의 한글은(고유명사로 사용하는 경우 외에는 이하 한글로 적기도 한다) 한민족의 문자 생활에서 기념비적인 업적이었다. 백성들의 어려운 문자 생활을 어여삐 여겨 만든 애민愛民 정신의 발로라 하겠다. 이는 세종이 쓴 『훈민정음』의 「어제서문御製序文」에 잘 나타나 있다. 28개의 자모음으로 만들어진 한글은 구성 원리나 담고 있는 철학에서 비할 바 없이 뛰어나며 과학적인 문자 체계로 평가받고 있다. 그런 점에 대해서는 새삼 말하지 않기로 한다.

한글이 창제되기 이전에는 우리말을 어떻게 쓰고 읽었을까. 아예 방법이 없었을까. 그렇지는 않았다. 한자의 음과 뜻을 활용해서 나름대로 우리말을 쓰고 읽을

[그림4] 『훈민정음』, 국보 제70호, 간송미술관 소장

수 있었다. 한자를 빌려서 표기하는 방식, 차자 표기법借
字表記法이 그것이다. 처음에는 지명이나 인명 등의 어휘
나 고유명사를 적는 데 활용되었지만, 점차로 이두, 향
찰, 구결 등이 만들어지면서 문장 구성도 가능해졌다.
신라시대의 향가가 좋은 예라고 할 수 있다. 그런데 한
글이 창제되어 문자 생활에 큰 변혁이 일어났다. 그렇다
고 해서 이두와 구결이 사라진 것은 아니었으며, 조선
후기까지 사용되었다. 실제 생활이나 사회적인 관례 등

에서 차자 표기가 이어지고 있었다.

그러나 공적인 영역에서는 사용이 극히 제한되었다. 역시 한자와 한문이 권위를 가지고 있었기 때문이다. 한문에 익숙한 일부 지식층의 반발도 있었다. "이깟 문자, 주상 죽고 나면 시체와 함께 묻어 버리면 그만이지." 2019년에 개봉한 영화 〈나랏말싸미〉에 나오는 대사 한 구절이다. 배우 송강호와 박해일이 열연한 〈나랏말싸미〉는 훈민정음, 한글을 창제한 세종의 재위 마지막 8년을 다루고 있다. 신하들의 거센 반대에도 불구하고 백성들을 위해서 뜻을 모아 나라의 글자를 만든다는 명분이 실현되는 과정이었다. 거의 알려지지 않았던 승려들(특히 신미)의 참여와 활약 등도 나름대로 보여 주었다.

훈민정음 창제에 힘입어 한글로 우리말을 직접 표기할 수 있게 되어, 국가정책 차원에서 각종 서적에 대한 언문 번역 작업을 진행했다. 언해諺解가 그것이다. 언해는 한문을 우리말로 번역해서 한글로 쓰는 것을 말한다. 한문을 대신한다기보다는 한문 서적의 언해나 한자음 정리 등 한문을 보완해 주는 부차적인 역할에 머물러 있었다.

이미 권위를 가진 문자인 한자가 있었고 한자를 사용하던 이들이 권력을 잡았던 시대였던 만큼, 언문 번역 작업을 반기지 않는 이들도 있었다. 쉽게 쓰고 읽을 수 있다는 점은 인정한다고 하더라도 양반층 사이에서는 사회적 측면에서 그리고 공적 영역에서 쓰는 데까지는 이르지 못했다. 요컨대 조선시대의 경우, 문자라는 측면에서는 일종의 이중 체계를 이루고 있었다. 문자를 사용하는 계급과 영역 등에서 차이가 있었다.

하지만 19세기에 들어, 1894년(고종 31) 고종은 "법률과 칙령은 모두 국문을 기본으로 하고 한문으로 번역을 붙이거나 혹은 국한문을 혼용한다法律勅令, 總以國文爲本, 漢文附譯, 或混用國漢文"라는 칙령을 내렸다.「고종실록」, 31년 11월 21일 여기에 이르러 한글은 언문의 자리를 넘어서 비로소 국문國文으로서의 지위를 누리게 되었다.

3 언문의 보급과 장려

한글의 창제는 언어와 문자, 나아가 사회 전반에 크고 많은 변화를 불러왔다. 배우기 쉽고 쓰기 쉬운 문자로서의 한글은 많은 지식과 정보를 전달해 줄 수 있었다. 그렇다고 하루아침에 한글이 한자를 대체해서 널리 쓰인 것은 아니다. 언문과 진서眞書라는 말 자체가 지극히 상징적이다. 한자를 거의 독점적으로 사용하면서 일종의 지적 권력을 누리던 계층은 의식적으로 한자 사용을 고집하기도 했다.

한글을 창제한 세종이나 왕가에서는 한글로 노래(「용비어천가」)를 짓거나 불교와 관련된 저작들(『석보상절釋譜詳節』)을 내놓기도 했다. 한자에 비해 배우기 쉽고 또 편리하게 사용할 수 있음을 보여 주었다. 한글 창제 이후

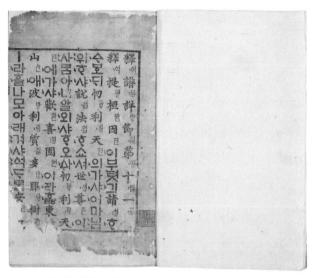

[그림5] 『석보상절』, 보물 제523호, 국립중앙박물관 소장

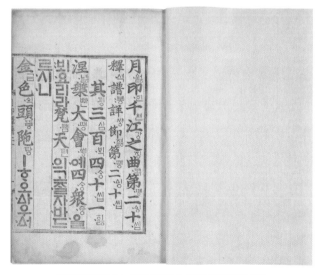

[그림6] 『월인석보』, 보물 제745호, 국립중앙박물관 소장

50여 년간, 그러니까 15세기 후반에 이르면 한글 문헌이 상당한 양에 이른다. 안병희(1992)에 따르면, 1446년 (세종 28) 『훈민정음』(해례본)을 비롯해 1497년(연산군 3) 『신선태을자금단神仙太乙紫金丹』에 이르기까지 40여 부의 문헌이 전해지고 있다. 그중에 『석보상절』(24권), 『월인석보月印釋譜』(25권)가 있으므로 상당한 분량이다(그림5와 그림6 참조). 내용으로 보면 불교 관계 문헌이 제일 많고, 전체 한글 문헌의 약 60%를 넘는다. 그 밖에 어학서 · 시가서詩歌書 · 유교서儒敎書 · 의학서醫學書 등으로 나뉜다. 여러 방면의 한글 문헌이 간행된 셈이다. 그런데 이들은 모두 서울에서 간행되었다. 하지만 16세기로 넘어가면서 지방에서도 한글 문헌이 간행되기에 이르렀다.

한글로 쓴 글은 한문이나 이두문으로 나타내기 어려운 미묘한 감정 같은 것까지 정확하게 표현할 수 있다. 때문에 한글은 창제 이후 꾸준히 보급되고 사용 영역이 점차 확대되어 간 것으로 여겨진다. 하지만 15세기 후반까지 중앙에서도 한글은 잘 보급되지 않았다.

16세기 중기에 들어서면서 한글은 전국에 걸쳐서 광범위하게 사용하게 된 것으로 여겨진다. 무엇보다 한 세기에 걸쳐서 다양한 방면의 한글 문헌이 간행되어 널리 읽혀졌다. 한글을 배우면 한자와 한문을 학습하는 데에도 도움이 되고 편리하다는 것을 알게 되었다. 한글로 쓴 가사나 시조 등 문학의 발달 역시 한글 보급과 사용을 촉진시켰다. 여성들이 쓴 언간 등으로 미루어 보건대 한글 사용이 보편화되었음을, 그리고 한글이 광범위하게 보급되고 사용되고 있었음을 알 수 있다.

이 같은 추세를 뒷받침해 주는 근거를 들어 보고자 한다. 우선 2011년 대전에서 출토된 언간을 살펴보겠다. '신창맹씨묘 출토 언간'으로 불리는 그 한글 편지는 2건으로 되어 있다(그림7 참조). 남편 나신걸이 아내 신창맹씨에게 보낸 편지다. 처음 학계에 소개한 배영환(2012)에 따르면 신창맹씨의 남편 나신걸의 생몰년(1461~1524)과 편지에 나타난 '영안도'라는 지명 등을 감안할 때, 이 편지는 늦어도 1490년대에 쓰인 것으로 보았다. 1490년대, 그러니까 15세기 말 이미 상당히 정제된 한글 편지가 쓰였다는 것, 더구나 지방에 거주하는 남성이 자신의 아내에게 썼다는 것은 한글이 백성 사이에 널리 보급되어 있었음을 말해 준다.

아울러 조선왕조실록에서도 한글 관련 기록을 확인할 수 있다는 점이다. 1511년(중종 6) 기사에서 다음과

[그림7] 나신걸 한글편지, 보물, 대전시립박물관 소장

같은 내용을 볼 수 있다.

> 헌부가 아뢰기를, "채수가 『설공찬전薛公瓚傳』을 지었는
> 데, 내용이 모두 화복禍福이 윤회한다는 논설로, 매우 요
> 망한 것인데 중외中外가 현혹되어 믿고서, 문자로 옮기
> 거나 언어諺語로 번역하여 전파함으로써 민중을 미혹시
> 킵니다. 부府에서 마땅히 행이行移하여 거두어들이겠으
> 나, 혹 거두어들이지 못하거나 뒤에 발견되면, 죄로 다
> 스려야 합니다" 하였다.
>
> 「중종실록」 6년 9월 2일

채수가 지은 『설공찬전』에 대한 "언어로 번역하여 전
파함으로써 민중을 미혹시킵니다或譯以諺語 傳播惑衆"라는
서술에 주목하고자 한다. 한글로 번역하며 널리 읽히게
되었다는 것이다. 덧붙여 두자면 『설공찬전』은 불태워졌
으며, 숨기는 자는 법률로 다스리도록 했다. 채수는 파직
되었다.

『오륜전전五倫全傳』(1531) 서문의 한 구절 역시 한글의
보급 양상을 말해 준다고 하겠다. "내가 보니 여항의 무
식한 사람들이 언문을 익혀 노인들이 서로 전하는 말을

베껴 밤낮으로 이야기한다全觀 閭巷無識之人 習前諺字 謄書古老
相傳之語 日夜談論 「고문서집성: 義城金氏川上各派篇 3」, 한국정신문화연구
원. 1990는 구절을 통해 한글이 상당히 보급되었음을 알
수 있다.

그래서 16세기 초기에는 이미 많은 백성들이 한글을
해독하고 있었다고 할 수 있다. 16세기 중반에 쓴 것으로
추정되는 언간, 특히 여성이 쓴 한글 편지 뭉치(『순천김씨
묘출토언간』 참조)가 발견된 것 역시 한글이 널리 보급되었
으며, 활발하게 사용하고 있었음을 말해 준다.

4 언간을 통한 소통과 배려

조선시대 언문의 위상은 언문으로 쓴 편지, 즉 언간에서도 그대로 드러난다. 그것은 한문으로 쓴 편지, 즉 서찰書札, 서간書簡, 간찰簡札 등과 대비를 이루게 되기 때문이다. 한자어에서 편지를 가리키는 단어는 상당히 많았다. 요즘은 쓰지 않는 단어들도 있다.

편지의 효용과 기능에 대해서는 새삼 말하지 않아도 될 것이다. 일찍이 송나라 시대의 유학자 정명도鄭明道는 간찰은 "유자가 가장 가까이 일삼아야 할 것應事而接物, 寫情而達意, 惟書牘爲然, 此於儒者事最近"이라 했다. 전통시대에 서로 만나지 않고서도 의사소통을 할 수 있는 방법은 서신을 보내는 것이었다. 편지를 통해 안부를 묻고 소식을 전했을 뿐만 아니라 더 나아가 깊이 있는 철학적 논쟁을 전개하기도 했다.

대체로 유학적 소양을 지닌 양반 사대부, 남성 사이에서는 일반적으로 한문으로 쓴 편지인 한문 간찰을 주고받았다. 조선시대 언간의 경우 보내는 사람과 받는 사람 중 어느 한쪽은 여성이라는 지적이 나왔다. 하지만 완전히 그러했던 것은 아니며, 예외적으로 남자들 사이에 오간 한글 편지 언간도 전해지고 있다.

한글로 쓴 편지는 여성들 사이에서 오고간 것으로 여겨지기도 했으며, 그와 관련해서 언간을 '내간'이라고도 했다. 여성 편향성이 강했다는 점까지는 무리가 없으나, 여성만을 상대로 하여 쓰였다거나 여성들끼리만 주고받은 편지로 오해해서는 안 될 것이다.

다른 측면, 특히 '소통'이라는 측면에서 보면 남성과 여성의 경계를 확연하게 나눌 수 없다. 왕실이나 사대부가에서 오가는 편지라 하더라도 그 성격상 남성과 여성을 아우를 수밖에 없기 때문이다. 왕이나 사대부라 하더라도 할머니, 어머니, 딸, 며느리 등의 여성에게 편지를 하기도 했다. 반대로 여성들이 왕이나 사대부에게 편지를 보내는 경우도 많았다. 당연히 그들은 자신들이 쓸 수 있는 언문으로 편지를 썼다. 탁월한 한문과 유려한

문장으로 써서 보낸다 하더라도 받는 사람이 그것을 읽지 못하면 아무런 소용없는 일이다. 때문에 그들은 편지를 받는 사람을 생각해서 한글로 썼던 것이다. 그들에게 한글은 일종의 '배려'의 문자였다고 하겠다.

조선시대에 한문 편지가 사대부 계층 이상 남성들의 전유물이었다고 한다면, 언간은 남녀의 구분, 계층의 상하를 뛰어넘는 공유물이었다. 쓰는 사람과 받는 사람 모두가 소통이 가능한 문자는 한글이었다. 받는 사람을 배려해서, 그들이 읽을 수 있는 언문으로 편지를 썼다는 측면도 마찬가지로 중요하다. 그런 측면에서 한글은 소통과 배려의 문자이며, 언간은 그 같은 문자로서의 한글을 통해서 소통과 배려가 이루어진 자료라 할 수 있다.

5 언간의 다른 이름

  조선시대의 한글 편지를 '언간'이라고 부른 것, 그리
고 개념이 좀 더 정교화해진 것은 앞서 언급한 바와 같
이 김일근(1986, 1991)과 황문환(2015)의 선행연구에 힘
입은 바 크다. 김일근은 일찍부터 사용되고 있던 '내간'
의 경우, 부녀자의 편지라는 오해를 불러일으킬 수 있다
는 점을 감안하여 언간을 적극 제안했다. 하지만 그는
좁은 의미의 언간과 넓은 의미의 언간 개념을 설정하고
넓은 의미를 택하고 있다. 황문환은 언간을 '편지'에 국
한시켜 사용하고자 했다. 좁은 의미의 언간에 국한시키
고자 한 것이다.
  필자 역시 그 같은 입장을 취하고 있다. 다만 조선 후
기에 등장한 일종의 한글 간찰서식집이라 할 수 있는

『언간독』, 『징보언간독』, 『증보언간독』에서 이미 '언간독'이란 용어를 사용하고 있었다는 점을 환기하고자 한다. 언간과 언간독 사이에 차이가 조금도 없다고 할 수는 없지만 말이다.

그런데 조선시대에 쓰인 한글 편지를 이르는 말로 한자어 '언간諺簡'만 있었던 것은 아니다. '언간'이란 용어 자체가 이미 한자로 되어 있다. 조선왕조실록이나 여러 문헌에 보면 역시 '언간' 이외에 다양한 한자로 표기되어 있고, 언간이 압도적 비율로 쓰인 것도 아니다. 또한 한글 편지에서도 한글로 '언간'이라는 용어가 사용되지 않았다고 한다.

그렇다면 여기서 두 가지 의문점이 생긴다. ① 언문으로 쓰인 편지라는 의미로 '언간' 외에 과연 어떤 용어가 쓰이고 있었는가? ② 당시 언문으로 쓰인 편지에서는 한글 편지를 과연 무엇이라 했을까? 이에 대해 살펴보자.

우선, ① 조선왕조실록에서 언문 편지와 관련되는 한자어 명칭을 검색해 보면 어떻게 나올까. "諺簡 외에 諺札, 諺書, 諺狀, 諺單" 등이 사용되고 있다. 먼저 "諺簡(언간)과 諺札(언찰)"에서는, '諺'이 언문, 한글을 나타낸다면 그 뒤에 붙은 단어는 원래 서사書寫 재료를 나타내는 것이라 할 수 있다. '간簡'은 대나무, '찰札'은 얇고 자게 만든 표 딱지 같은 간독簡牘을 가리킨다. '독牘'은 나무를 가리킨다.

한편 "諺書(언서)"의 경우, '서書'는 문자, 문서를 뜻하므로 '언문 내지 언문으로 쓰인 것' 일체를 가리킨다. 역시 한자로 쓴 '진서眞書'에 대비된다. '諺狀(언장)과 諺單(언단)'에서의 '장狀'과 '단單'은 각각 문서 종류와 관련된 글자라 할 수 있다. '장狀'은 서장書狀, '단單'은 단자單子를 가리키는 것으로 볼 수 있다. 구체적인 사례를 검토해 보아야 하겠지만, 단어의 연원을 보면 언문 '편지'에 국한된다고 보기 어려운 측면이 없지 않은 듯하다.

따라서 그 용어들에 대해서 구체적인 용례를 하나하나 다 살펴보는 작업은 너무 번다하므로 여기서는 생략하고자 한다. 다만 언간과 언찰에 대해서만 그 용례를 적어둔다.

【언간】

◎ 명하여 대비의 언간을 대간과 홍문관에 보이게 하였다.命示大妃殿諺簡于臺諫及弘文館

『성종실록』 23년 11월 25일

◎ 어제 남효문의 아내에 관한 일에 대해 대간이, 언간을 서로 주고받았다고 아뢰었기 때문에, 내관에게 명하여 수색하도록 했다.昨日南孝文妻事 臺諫啓以諺簡相通云 故命內官搜探

「중종실록」 29년 5월 11일

【언찰】

◎ 또 공공연히 언찰에다 아무 전으로 보내는 것이라고 썼습니다.又公然書諺札曰 當送于某殿也

「중종실록」 34년 6월 4일

◎ 자전이 언찰로써 약방에 하교하여, 여염에서 정결하게 하는 데 미진하다고 해서 늦추어 거행할 것을 계품하게 하였다.殿以諺札下敎於藥房 以閭閻未盡乾淨 使之啓稟退行

「숙종실록」 7년 3월 21일

그러면 ② 당시 언문 편지에서는 '한글 편지'를 과연 무엇이라 했을까. 우리가 말하는 언간 자료에서는 과연 '언간'을 뭐라고 불렀을까 하는 점이다. 한자어 '諺札', '諺簡'을 한글로 읽어 '언찰', '언간'으로 부르고 또 그렇게 썼을까. 그렇게 예상해 볼 수는 있지만, 김일근과 황문환 등 선행 연구에 따르면 거의 발견되지 않는다고 한다. 그러면 과연 어떠한 명칭과 용어가 쓰였을까.

한글 편지와 관련해서 조선시대 전반에 걸쳐서 가장 빈번하게 사용된 용어는 "편지"라 할 수 있다. 편지는 한자어 '便紙, 片紙'를 한글로 읽고 적은 것이다. '便紙'는 '인편으로 보낸 종이', '片紙'는 '길이가 짧은 종이'를 가리킨다. 그런데 '便紙, 片紙'는 한글 편지에 국한되는 것이 아니라 한문으로 쓴 것(한문 간찰)까지 포함하는 것으로 보아야 한다. 간찰 일반을 말하는 것이다. 그래서 더 구체적으로 "언문 편지"라는 용어를 쓰기도 했다[임영林泳 언간]. '언문'으로 쓴 '편지' 아주 정확한 표현인 셈이다. 그것은 한문으로 쓴 간찰 "진셔 편지"와 당연히 구별된다.

그 외에 "유무"라는 단어가 자주 쓰였다. 이 단어는 한자어 '유무有無'인데 주로 '소식'이나 '편지'를 뜻하는 말로 쓰였으며, '유모, 우무, 이무' 등과 같은 형태로 바뀌어 쓰이기도 했다. 또 상대방이 보낸 편지를 흔히 "글월"이라고 하는데, 이 글월과 같은 뜻으로 "글시"라는 표현을 사용하기도 했다. 인선왕후의 편지는 대부분

[그림8] 「공쥬, 글시 덕으시니: 덕온공주 집안 3대 한글 유산」 포스터

"글월 보고"로 시작하는데, 이는 '편지 보고'와 같은 뜻이다.

그런데 글월과 글시는 주로 궁중의 언간에서 사용된 경향이 있다는 것 그리고 글시는 19세기 후반 명성황후 언간에서 많이 사용되었다는 지적도 있다. 국립한글박물관에서 개관 5주년을 맞이해 개최한 기획특별전(2019)에 「공쥬, 글시 뎍으시니: 덕온공주 집안 3대 한글 유산」이란 제목을 붙인 것 역시 같은 맥락이라 할 수 있다(그림8 참조).

이 글시와 같은 의미의 단어로 "뎌그니"라는 표현이 사용되었다. 이것은 '뎍은 이', 곧 '적은 것'이라는 뜻으로, 후대에는 구개음화가 일어남에 따라 '져그니'로 바뀐다. '뎌그니'는 아랫사람의 편지를 가리키는데, 아랫사람이 윗사람의 편지를 가리킬 때는 "뎍스오시니", "적스오시니"라고 썼다. 또 조금 특수한 경우이기는 하지만, 궁중 언간이나 궁녀가 대필한 편지에 "봉셔封書"라는 용어도 많이 보인다. 이것은 '겉봉을 봉한 편지'라는 뜻으로, 특별히 왕이 종친이나 근신에게 사적으로 내리던 편지나 왕비가 친정에 사적으로 보내던 서신을 일컫는 말로 쓰였다.

한글 편지, 언간을 이렇게 다양한 용어로 사용했다는 것은 무엇을 말해 주는가. 한글이 갖는 어휘의 풍부함과 파생어 생성의 다양함을 보여 주는 것일 수도 있다. 하지만 그보다 한층 더 중요한 것은, 조선 후기에 들어서 그만큼 많은 한글 편지가 남녀노소를 넘어서 폭넓게 쓰이고 있었기 때문이 아닐까 한다. 나아가 신분과 계층 그리고 성별에 따라 많이 쓰는 용어 역시 세분화되었을 것으로 여겨진다.

2장

언간, 그 자료와 성격

1 언문과 「선조국문유서」

성종은 언문으로 된 『삼강행실도三綱行實圖』를 간행해 부녀자들에게 강습하도록 했다. 또한 『향약집성방鄕藥集成方』에서 일상에서 절실하게 필요한 것을 언문으로 번역하여 민간에 반포하게 했다. 백성들의 질병 치료를 위해서였다. 일상에 절실하게 필요한 것들을 뽑아 그것들을 언문으로 번역하게 한 것이다. 민간에서는 당약唐藥을 얻기가 어렵지만 『향약집성방』에 나오는 약들은 백성들이 알아서 쉽게 쓸 수 있었기 때문이다. 이처럼 언문은 백성들 사이에서는 일상생활에서 널리 쓰이고 있었다.

그런데 연산군대에 이르러 폐비윤씨 관련 언문 투서 사건을 계기로 하여 대대적인 언문 탄압이 시행되었다.

1504년(연산군 10) 폐비 관련 언문을 번역해서 궁궐 바깥에 전파한 자를 처벌했다. 언문 투서 사건으로 연산군이 크게 분노했으며, 심지어 언문을 배우거나 쓰지 못하게 했다.

전교하기를, "어제 예궐하였던 정부·금부의 당상을 부르라. 또 앞으로는 언문을 가르치지도 말고 배우지도 말며, 이미 배운 자도 쓰지 못하게 하며, 언문을 아는 자를 모두 한성의 오부로 하여금 적발하여 고하게 하되, 알고도 고발하지 않는 자는 이웃 사람을 아울러 죄주라. 어제 죄인을 잡는 절목을 성 안에는 이미 통유하였거니와, 성 밖 및 외방에도 통유하라" 하였다.

『연산군일기』 10년 7월 20일

언문을 쓰는 자는 기훼제서율棄毁制書律, 알고도 고하지 않는 자는 제서유위율制書有違律로 논하여 처벌했다. 조사朝士의 집에 있는 언문으로 구결을 단 책은 모조리 불사르도록 했다. 하지만 그런 연산군도 한어漢語를 언문으로 번역한 것은 금지하지 않았다『연산군일기』 10년 7월 22일. 언문 금지 자체가 한정적이었던 셈이다. 연산군대의 언문 탄압의 여파 때문인지는 모르겠으나, 중종이 신하들에게 언문을 해독할 수 있냐고 물었을 때 그중에는 읽을 수 없다고 답하는 자도 있었다. 언문이 크게 위축되었음을 짐작해 볼 수 있다.

다음으로 「선조국문유서宣祖國文諭書」를 살펴보겠다. 선조국문유서는 왕의 한글 문서, 1593년(선조 26) 임진왜란으로 선조가 의주행재소義州行在所에 있을 때 내린 한글 교서다. '선조국문교서'라고도 한다. 필사본 1장으로, 크기는 세로 48.8cm, 가로 75cm이다. 자색 닥지[楮紙]에 국문 12행으로 되어 있다(그림9 참조). 1988년 보물 제951호로 지정되었다.

왜 이 같은 언문 유서가 필요했을까? 임진왜란 당시 백성들은 왜적에게 사로잡혀 협조하는 자들이 많았다. 백성이 쉽게 알 수 있는 한글로 쓴 교서를 내려 포로가 된 그들을 회유하여 돌아오게 했다. 선조가 다시 한양으로 돌아오기 한 달 전에 내려진 것이다. 당시 김해성을 지키던 장수 권탁權卓(1544~1593)이 그 문서를 가지고 적진에 몰래 들어가 적들을 죽이고 백성 백여 명을 구해 나왔다. 그 유서는 김해시 선조어서각宣祖御書閣에서 보관 중(그림10 참조) 도난당했다가, 다시 찾았다.

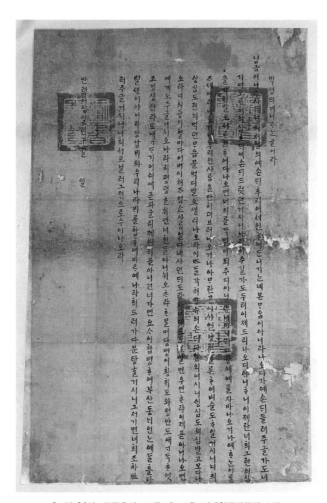

[그림9] 「선조국문유서」, 보물 제951호, 김해한글박물관 소장

[그림10] 김해 선조어서각, 경상남도 문화재자료 제30호

"빅셩의게 니르ᄂᆞᆫ글이라"로 시작하는 「선조국문유서」
의 현대어역을 보면 다음과 같다.

백성에게 이르는 글이다.
임금께서 이르시되 "너희가 처음에 왜적에게 포로가
되어서 이끌려 다니는 것은 너희의 본마음이 아니라
도망쳐 나오다가 왜적에게 붙들려 죽지 않을까 여기기
도 하며 도리어 의심하되 왜적에게 들어가 있었던 것
이니 나라에서 죽이지 않을까 두려워하기도 하여 이
제 나오지 않는 것이다. 이제는 너희가 그런 의심을 먹지 말고 서로 권하여 다 나오면 너희에게 각별히 죄를 주지 않을 뿐 아니라 그중에 왜적을 잡아 나오거나 왜적이 하는 일을 자세히 알아 나오거나 포로가 된 사람을 많이 데리고 나오거나 해서 어쩌하든 공이 있으면 양천良賤을 막론하고 벼슬도 시킬 것이니 너희는 생심이나 전에 먹고 있던 마음을 먹지 말고 빨리 나오라. 이 뜻을 각처의 장수에게 다 알렸으니 생심이나 의심하지 말고 모두 나오라. 너희들이 설마 다 어버이나 처자가 없는 사람이겠느냐? 너희가 살던 곳으로 돌아와 예전처럼 살면 좋지 않겠느냐? 이제 곧 나오지 않으면 왜적에게 죽기도 할 것이고 나라에서 평정한 후에는 너희들인들 후회하지 않겠느냐? 하물며 명나라 군사가 황해도와 평안도에 가득히 있고 경상·전라도에도 가득하여 왜적들이 곧 급히 제 땅으로 건너가지 않으면 조만간 합병하여 부산과 동래에 있는 왜적들을 다 칠 뿐 아니라 중국 배와 우리나라 배를 합하여 바로 왜국에 들어가 다 토벌할 것이니 그때면 너희도 휩쓸려 죽을 것이니 너희들이 서로 전하여 그 전에 빨리 나오라."

만력 21년 9월 일

어쩔 수 없이 왜인에게 붙들려 간 백성은 죄를 묻지 않는다는 것, 그리고 왜군을 잡아 나오거나 왜군의 정보를 알아 나오는 자 또는 포로로 잡힌 우리 백성들을 많이 데리고 나오는 자에게는 천민, 양민을 가리지 않고 벼슬을 내릴 것을 약속하고 있다. 이어 아군과 명나라 군대가 연합하여 왜군을 소탕하고 그 여세를 몰아 왜국으로 들어가 분탕하려는 계획도 알려주면서, 그전에 서로서로 알려서 빨리 적진에서 나오라고 당부하는 말로 끝맺고 있다.

비판적인 시각으로 보자면 과연 문화재 명칭에 '국문'이란 표현이 적절한가 하는 의문이 제기될 수도 있을 것이다. 한글은 1894년에 이르러 비로소 '국문'의 자리에 이르게 되었다고 할 수 있기 때문이다. 하지만 임진왜란 당시에는, 왜적의 침입에 대응해서 자연스럽게 정체성의 확인과 더불어 대내적인 단결이라는 차원에서 한글이 '국문' 역할을 했던 것으로 보인다. 전쟁이라는 위급 상황에서는 역시 '안과 밖'을 나누는 경계가 중요해진다. 게다가 한자의 경우, 읽는 방식과 음이 다르다 할지라도 중국, 일본과 공유하는 측면도 없지 않았기 때문이다.

2 언간의 보급과 확산

조선왕조실록을 통해서도 언간의 보급과 유행을 확인할 수 있다.

◎『문종실록』1년 11월 17일

양녕대군 이제가 언문으로 짧은 편지를 써서 아뢰니, 그 뜻은 김경재로 하여금 상경하여 그 딸을 시집보내도록 하기를 청하는 것이었다. 의정부에 내려 의논하게 하였다.

◎『단종실록』1년 4월 2일

시녀들 가운데 수강궁에 머무르는 자가 있었는데, 한 시녀가 언문으로 아지【시속에서 궁내의 유모를 아지라고 부른다]의 안부를 써서 혜빈에게 보내니, 혜빈이 내전에 상달하였다. 언문을 승정원에 내렸는데, 그 사연에 이르기를, "묘단이 말하기를, '방자인 자금·중비·가지 등이 별감과 사통하고자 한다' 합니다" 하니, 즉시 의정부 사인 이예장을 불러서 당상에 의논하게 하였다.

◎『단종실록』1년 4월 14일
의금부 지사 이불민이 당상의 의논을 가지고 아뢰기를, 방자인 중비가 말하기를, "3월 사이에 차비문에 이르러 별감 부귀를 보고 붓을 청하니, 부귀가 이르기를, '후일에 마땅히 받들어 보내겠다' 하였습니다. 그 후에 자금·가지 등과 더불어 시녀 월계의 방에 모여서 언문으로 서신을 써 주도록 청하여 부귀에게 보내어 말하기를, '전날 허락한 붓을 어찌하여 보내지 않는가? 지금과 같이 대궐이 비고 적막한데 서로 만나 보는 것이 좋지 않겠는가?'"고 하였습니다.

세월의 흐름과 더불어 언간의 사용은 점차로 확대되어 갔을 것으로 여겨진다. 처음에는 왕실과 사대부 계층, 그중에서도 부녀자들이 한글을 익혀서 편리하게 사용했을 것이다. 남성이라 하더라도 할머니, 어머니, 딸과 며느리, 숙모, 조카 등에게 편지를 쓰거나 할 때에는 소통과 배려를 위해서라도 한글을 썼던 것이다. 그들이 한글을 깨치는 것은 어려운 일이 아니었다.

시간의 흐름과 더불어 한글과 한글 편지는 사대부 계층을 넘어 일반 평민층, 나아가서는 그 아래에 이르기까지 확대되어 갔던 것으로 여겨진다. 한글로 쓰인 모든 언간이 전해지고 있는 것은 아니며 구체적인 물증을 대는 것 역시 어렵다. 하지만 다음의 몇 가지 사항을 감안하다면 그렇게 볼 수 있지 않을까 한다.

우선, 한글 편지를 써서 보내는 사람과 받는 사람의 범위가 확대되었다는 점이다. 언간은 보내는 사람과 받는 사람 중에서 한쪽이 여성이라는 일반론을 깨뜨리는 것이다. 예를 들어, 17세기 초부터 상전이 노비에게 보낸 언간('牌旨'[패지, 배지] 성격을 띠고 있다)이 확인되고 있다. 높은 지위에 있는 사람이 낮은 지위에 있는 사람에게 공식으로 주는 글에 해당하며, 고문서에는 패지, 패자, 배지, 배자 등으로 지칭되고 있다. 업무를 위임해서 작성한 문서라 할 수 있으며, 주로 상전이 자신의 노비에게 해당 매매 행위를 대행시키면서 작성해 준 것으로 알려져 있다.

당시 노비에게 한문 간찰을 보내 봐야 읽을 수 없었을 것이다. 역시 한글로 써서 보낼 수밖에 없었다. 그렇다면 한글 편지를 받은 노비는 한글을 읽을 수 있었다고 여길 수 있다. 물론 노비가 다른 사람에게 읽어 달라고 했을 수도 있지만, 상전의 업무를 위임받아서 대행할 정도라면 한글 해독력을 갖추었을 것으로 간주해도 좋지 않을까 한다.

사례로는 1692년(숙종 18) 상전 송규렴이 노비에게 보낸 것이 있다. 받는 사람을 '빅쳔노 긔튝이'(배천에 사는 기축이)라 하여, 기축년에 태어난 노비임을 알 수 있다. 편지의 내용을 보면, 자신의 전토田土를 속여 차지한 것에 대해서 분노하면서 도지세賭地稅를 제대로 납부하라는 뜻을 전하고 있다. 동시에 제대로 하지 않으면 "나도 분을 쌓은 지 오래되어 큰일을 낼 것이니 그리 알라"고 경고하고 있다.

상전이 노비에게 한글 편지를 보내고, 또 노비가 그것을 읽을 수 있다면, 그 반대의 경우도 생각해 볼 수 있다. 흔히 '고목告目'이라 불리는데, 그것은 아랫사람이 윗사람에게 쓰는 보고서나 편지를 말한다. 좀 더 공식적인 차원에서는 각사各司의 서리 및 지방 관아의 향리가 상관에게 공적인 일을 알리거나 문안할 때 올리는 간단한 양식을 말한다. 아랫사람이 올린 그 '고목'에 대해 윗사람이 쓰는 답장을 '답배答牌'라 한다.

한글로 쓴 고목과 답배 형식이 이어 보게 될 『증보언간독』에 포함되어 있다. 그것은 상전과 노비 내지 주종 간에 언간을 통해서 의사소통이 상당한 정도로 이루어졌음을 시사한다. 동시에 언간이 사회 하층민에 이르기까지 널리 사용되고 있었다고 해야 할 것이다. 실제로 19세기 후반 노비가 상전에게 보낸 고목 성격을 띠는 언간이 여러 건 확인되고 있다. 계집종 순임이 상전 여강 이씨에게 보낸 편지(의성김씨 학봉 김성일종가 언간)도 전하고 있다.

다음으로는 보내는 사람과 받는 사람 양쪽이 모두 남성인 경우로, 특수한 상황에서 특수한 목적으로 쓴 언간들이 확인되고 있다. 그런 예로서 18세기 후반에서 19세기 초반에 걸쳐서 조선과 일본의 역관譯官 사이에 주고받은 언간을 들 수 있다. 그 시기는 두 나라 사이에 근대적인 외교 관계가 수립되기 이전으로, 전통적인 교린 관계하에서 이루어진 외교 행위에 속한다. 이 언간들은 '대마도 종가문고소장 조선통사朝鮮通事 언간'으로 72건이 알려져 있다. 정승혜(2012)에 따르면 이들은 주로 신미통신사행辛未通信使行이 이루어지기까지 일본과의 역지통신협상易地通信協商의 과정에서 협상 당사자였던 조선 통사가 일본 통사에게 보낸 개인적인 편지들이다. 국립한글박물관 디지털한글박물관(https://archives.hangeul.go.kr)에서 확인할 수 있다.

그런데 이 편지들은 조선이란 국가 범위를 넘어선 외국과의 외교 활동에서 쓴 언간인 만큼, 순수한 언문이라기보다는 한자를 섞어서 쓴 '국한문' 혼용체라는 측면도 지니고 있다. 한자는 일본 통사 역시 뜻을 알 수 있었기 때문이다. 이는 1894년 이후에 유행하는 국한문 혼용체의 선구적인 사례로 볼 수 있지 않을까 한다. 그와 관련해서 국한문 혼용체로 쓴 최초의 저작은 유길준이 쓴 『서유견문西遊見聞』(1889년 완성, 1895년 간행)이라는 점을 덧붙여 두고자 한다.

실제 한글 편지, 그러니까 실물이 전해지지는 않지만 조선과 청나라 관계에서 한글 편지가 중요한 역할을 했던 사례가 확인된다.

1796년 동지부사 이형원李亨元이 의주부윤 심진현沈

哭鉉에게 보낸 언간 내용을 후대에 다시 수록한 것이다 (『태상황전위문적太上皇傳位文蹟』 권1, 장서각 소장). 이형원은 북경 관소에서 칙서를 인편으로 부친다는 소식을 의주 부윤 심진현에게 '언서'로 써서 알렸던 것이다. 거기서 는 편지가 도중에 없어질 것을 염려해서 언문으로 썼음 을 밝히고, 그 언문 편지를 받는 즉시 한문으로 바꾸어 조정에 전달할 것을 당부하고 있다. 그 언간의 내용은 한문으로 번역되어 승정원에 보고되었다.

차대하였다. 돌아온 정사 민종현, 부사 이형원 등을 소 견하였다. 상이 종현에게 이르기를, "새 황제는 어떻던 가?" 하니, 종현이 아뢰기를, "어질고 효성스럽고 단정 하고 묵중하여 제왕諸王 가운데서 아름다운 명예가 가 장 뛰어났습니다. 연향할 때에 보니, 상황上皇의 옆에 모 시고 있는데 단지 상황의 동정만 볼 뿐 한 번도 눈을 딴 데로 돌리지 않았습니다. 이로 보아 또한 그의 인품을 알 수 있었습니다" 하니, 상이 형원에게 이르기를, "조 칙을 인편에 부친다는 기별을 선래先來가 오기 전에 들 을 수 있었으니, 경이 모든 일에 두루 통민함은 원래부 터 익히 아는 바이지만, 이번 일은 크게 광채를 냈다고 이를 만하다" 하였는데, 앞서 형원이 북경의 관소에서 칙서를 인편에 부친다는 소식을 언서諺書로 의주부윤 심진현에게 알려서 조정에 전달하게 하였기 때문이다.

『정조실록』 20년 3월 6일

외교사절이 언문으로 기밀 사항을 써서 전해 주었다는 것, 한글이기 때문에 위험이 적다는 것, 기밀 유지를 위해서 그렇게 한다는 의미가 담겨 있는 셈이다. 그 언문 편지를 다시 한문으로 바꾸어 조정에 전달해 달라는 말은, 공식적인 문자로서의 한문의 위상이 여전하다는 사실을 말해준다.

이와 관련해서, 흥선대원군이 한글 편지를 4통 썼다는 사실도 지적해 두고 싶다. 역시 비슷한 맥락에서 바라볼 수 있다. 1통은 며느리 민비, 3통은 장남 이재면에게 보낸 것이다. 여성인 민비에게 한글 편지를 보낸 것은 납득할 수 있는 일이지만, 아들에게는 왜 그렇게 했을까. 자세한 검토는 이 책 제4장에서 하겠지만, 그 편지를 쓴 시점이 실마리가 된다.

당시 그는 중국 톈진에 유폐되어 있는 절박한 상황에서 벗어나게 해달라는 내용의 편지를 썼던 것이다. 비밀

유지에는 한문보다는 역시 한글이 나을 것이라 생각했던 듯하다. 또한 자신의 편지가 노출되더라도 혹은 제대로 전달되지 않더라도 위험이 적을 것이라 판단했을 것이다.

3 한글 간찰 서식집의 등장

편지를 어떻게 쓸 것인가. 애초에 편지에 정해진 구성과 형식이 있을 리 없지만, 편지 주고받기가 유행하고 빈번해지면서 자연스레 서식집 같은 것이 생겨났다. 한글 간찰 서식집이 그것이며, 한자와의 관계나 성격을 감안하면 역시 한문 간찰 서식집을 모델로 삼았을 것으로 여겨진다. 한문 간찰은 지식인의 교양이자 생활의 일부였기 때문에, 일찍부터 그 효용을 인정받고 있었던 듯하다.

현재 한글 간찰 서식집으로는 『언간독』, 『징보언간독』, 『증보언간독』, 『규합한훤閨閤寒喧』 등이 확인되고 있다. 아직 잘 알려지지 않은 『규합한훤』은 조선시대 젊은 여성들이 혼인을 전제로 양가의 여러 행사 때 예법에 따라 주고받아야 했던 편지들의 모범이 될 만한 것들을 모아 놓은 책이다. 신부 수업에 필요했던 것이다. 한편 『징보언간독』, 『증보언간독』의 경우, 이름으로 보아 『언간독』을 증보한 것으로 볼 수 있다. 『징보언간독』은 경판본, 『증보언간독』은 완판본으로 간행되었는데, 조금 다를 뿐 내용에는 큰 차이가 없는 것으로 여겨진다. 『언간독』의 경우에도 다양한 판본이 있었다.

상업적인 필요에 따라 『언간독』이 방각본坊刻本으로 간행된 것은 조선 말기에 이르러서이지만, 필사본으로 유포된 것은 17세기 전후까지 거슬러 올라간다. 전통 시대에는 간단한 문안이나 안부 인사를 비롯해서 집안의 대소사, 지방이나 국가적 변란에 대한 소식, 사제 간의 학문적 토론, 생사가 달린 중대한 일, 각종 축하인사, 파직, 귀양 등에 대한 위로 등 인간사에 대한 모든 것에 대해서 간찰[편지]을 주고받았다. 혼례의 예장禮狀과 상사에 보내는 위장慰狀 등도 간찰의 형식으로 보냈다. 따라서 간찰은 친소존비親疏尊卑와 사회적 위계에 따라 용어가 구별되어 있고 또 일반 문학적인 글에는 잘 쓰이지 않는 어휘, 관용적인 정형화 등이 매우 까다롭다. 그래서 간찰 서식집이 필요한 것이다. 간찰 서식집은 간찰을 제대로 쓰기 위해 피봉에서부터 내지에 이르기까지 작성하는 순서와 사례를 수록해 놓은 일종의 간찰 쓰기 교본이기 때문이다. 간찰을 어떻게 작성할지 그 방식을 알려 주는 것이다.

전통시대 사람들에게 간찰은 단순히 안부를 묻고 소식을 전하는 수단 이상의 의미를 지니고 있었다. 그래서 사람이 태어나 죽을 때까지 간찰 속에서, 간찰과 더불어 살았으며, 간찰과 더불어 죽음을 맞이했다고 할 수도 있을 것이다. 수많은 간찰이 전해지고 있는 것도 그 때문이라 하겠다.

그런데 중요한 사실은 간찰에 담긴 내용은 다양해서 정식화할 수 없지만 형식마저 자유로운 것은 아니었다. 소통 수단이 적었기 때문에 오히려 적절한 관용적인 정형화 지침이 필요했다. 언간이 정형화되는 이유는 사회적 관계 속에서 상대에게 예의를 갖추기 위해 그리고 편의성 때문에 확대되었다고 할 수 있다. 조선 사회에서 편지는 상대방에게 예의와 격식을 갖출 것이 요청되었다. 일정한 형식이 요구되었던 것이다. 뿐만 아니라 신분과 나이 그리고 손위, 손아래 관계에 맞춰서 적절한 형식을 취하는 것이 사회적으로 요청되었다. 또한 상대방의 관직 고하에 따라 사용하는 용어도 확연히 구분되었다. 계절이나 날씨에 따라서도 사용하는 용어가 달랐다. 그것은 사회적인 교양 내지 고급 상식으로까지 여겨졌다. 편지는 격식과 예의에 맞춰서 써야 하는 것으로 되어 버렸다.

그럴 때 도움을 주는 것이 바로 편지 쓰기의 교본, 즉 간찰 서식집이다(김효경(2005) 참조). 잘 정리된 서식에 따라 쓰면 크게 문제가 없었기 때문이다. 그 기원을 찾아 보면 간찰 서식집은 중국의 서의書儀에서 비롯된 것이다. 남북조시대에 성립된 서의는 당송대에 크게 성행했으며, 명청대에 이르러서는 수많은 간찰 서식집이 간행되기에 이르렀다. 우리나라에서는 김정金淨의 『동인예식東人例式』에서 시작되었으며, 조선 후기에 이르러서는 『간식유편簡式類編』, 『한훤차록寒暄箚錄』 등이 간행되었다.

현재 남아 있는 간찰 서식집은 대략 조선 후기부터 일제강점기까지의 것들로, 그 기간 동안 간찰 서식집은 다양한 형태로 존재했다. 18, 19세기에는 조선 사회가 여전히 한문과 한글의 이중 문자 생활을 하고 있었기 때문에 간찰 서식집 역시 한문체와 한글체가 각각 존재했다. 순한문체로는 『간식유편』·『한훤차록』·『간독정요

簡牘精要』·『간독회수簡牘會粹』·『간례휘찬簡禮彙纂』·『후사류
집候謝類輯』 등이 있다.

『징보언간독』에서 확인된 대표적인 상투적 표현이
언간 자료에서 실제 확인되기 시작하는 시기는 17세기
부터이고, 18세기 중엽 이후부터 확산되기 시작하여,
19세기 중엽 이후에 널리 퍼졌다고 할 수 있다.

이 간찰 서식집의 특징은 받는 사람의 존비 층위에
따라 사용하는 용어를 본문에 구별해 표시해 놓았다
는 점, 간찰에서 많이 사용되는 용어의 동의어를 예시
해 놓았다는 점, 서식집의 맨 처음에 본조국기本朝國忌라
는 요소가 있다는 점, 전국 각 고을의 옛이름, 서울과 지
방의 거리, 중앙과 지방의 관직명 등이 수록되어 있다는
것이다.

한문 간찰 서식집의 경우에는 한문으로 문자 생활이
가능했던 사대부와 일부 중인층이 이용했으며, 한글 간
찰 서식집의 경우에는 주로 한글로 문자 생활을 했던
사대부가 여성이 이용했던 듯하다. 이중적 사회 구조를
보여 준다고 할 수 있다. 하지만 한문과 한글의 위상이
말해 주듯이 한글 간찰 서식집은 한문 간찰 서식집의
영양하에 놓여 있었다고 할 수 있다.

근대로 접어들면서 새로운 우편제도가 등장했다. 근대화와 더불어 편지를 통한 소통은 오히려 확대되는 양상을 보여 주었다. 그런 현상은 간찰 서식집의 수요를 크게 불러 증대시켰다. 전통시대의 그것과는 완전히 다른 새로운 체계와 구성을 지닌 새로운 간찰 서식집이 바로 나오기는 어려웠다. 하지만 수요는 높았다. 출판업자들에게는 좋은 기회이기도 했다. 그들은 그런 수요에 부응하기 위해서 조선 후기의 간찰 서식집을 재구성해 냈다. 문자에 초점을 맞추자면 국한문 혼용체, 한문 현토체 등의 간찰 서식집들이 등장하기 시작했다. 이는 문자라는 측면에서 주목된다고 하겠다. 유길준의 국한문 혼용체 『서유견문』이 하나의 지표라 할 수 있다(1895, 일본에서 간행). 그 시기에 편찬된 대표적인 간찰 서식집으로는 『척완편방』, 『척독대성』, 『신편척독대방』, 『척독(신식언문무쌍)』 등을 들 수 있다.

4 현재 확인된 언간들

편지는 기본적으로 써서 보내는 것이다. 써서 보내는 사람이 있어야 한다. 그것을 받는 사람도 있다. 발신자와 수신자라고 하겠다. 물론 대중가요에 나오는 노랫말처럼 "써놓고 부치지 못한 편지"도 있을 것이다. 하지만 보내지 않으면 그것은 편지가 아니다. 결국 그 편지를 지녀야 하는 사람은 받는 사람이다. 받는 사람은 그 편지를 보관할 수도 있고, 찢어 버릴 수도 있고, 혹은 불태워 버릴 수도 있다. 종이가 귀한 시대라면 먹으로 쓴 것을 씻어내곤[洗草], 그 종이를 다시 사용할 수도 있다. 실제로 조선시대 과거시험 응시자들은 녹명錄名할 때 시험지를 정해진 질과 규격의 것으로 구입해서 제출했다.

때문에 편지를 보내는 입장에서는 자신이 보낸 편지

를 어떻게 한 것인지 궁금해질 수 있다. 그래선지 이따금 편지에서는 보고 나서 씻어 버려라, 없애 버려라, 혹은 태워 버려라라는 식의 부탁 아닌 부탁도 더러 눈에 띈다. 지극히 사적이고 비밀스런 이야기가 담긴 편지일수록 특히 그러하다. 그렇게 비밀스런 편지가 아닐지라도 편지를 주고받은 흔적이 남아 있다는 것 자체가 부담이 될 수도 있다. 특히 정치적인 사안이나 인사 문제 등의 복잡 미묘한 함의가 담긴 편지일수록 그러하다.

그런 연유로 왕실에서 보내온 편지는 그런 요청에 따라, 그 내용을 이해한 다음에 바로 처분해 버리는 경우가 많았다. 왕실의 언간이 그렇게 많이 전해지지 않는 것은 그와 무관하지 않다(혜경궁홍씨, 『한중록』 참조). 하지만 편지를 받는 입장에서는 그런 부탁이 있어도 그 편지를 보관하는 경우가 더러 있엇다. 그래서 편지를 태워 버리라는 부탁까지도 후세에 드러나게 되기도 한다. 정조가 심환지에게 보낸 비밀편지가 좋은 예라고 하겠다.

그런데 편지를 받는 입장에서는 그 편지를 귀중한 것으로 여겨 소중하게 보관하기도 했다. 남편이 아내에게 보낸 편지, 아내가 남편에게 보낸 편지, 혹은 가까운 친족 간에 받은 편지 등을 소중히 간직하기도 했다. 그러다 세상을 떠날 때 자신의 무덤 속에 넣어 달라는 유언을 할 수도 있다. 아니면 평소에 소중히 여기던 그 편지를 자식이나 일가 사람들이 넣어 주기도 했다. 세월이 한참 흐른 뒤, 무덤을 이장하는 과정에서 출토되는 편지 혹은 편지 뭉치가 그것을 말해 준다. '출토 언간'이라 할 수 있다. 무더기로 출토되는 경우(순천김씨묘 출토 언간 등)도 있으며, 한두 편 출토되는 경우(이응태묘 출토 언간 등)도 있다.

다른 경우도 있다. 그렇게 받은 편지를 모아두는 것을 넘어서 그것들을 한 권의 책자 내지 편지첩帖으로 만드는 경우도 있다. 편지를 보낸 사람이 높고 귀한 분이라서, 아니면 자랑스러운 선조가 남긴 것이라서 혹은 편지에 담긴 내용이 좋아서, 그들을 한데 모아 책자, 편지첩으로 만들어 보관하는 것이다. 책자나 편지첩은 편지를 받은 당대에 만들 수도 있고, 어느 시점에서 후손이 만들었을 수도 있다. 이런 편지첩은 단순한 보관만 하는 것이 아니라 자손 대대로 물려주기도 한다. 일종의 가문의 정체성과 자긍심을 북돋워 주는 자료로서의 성격을 지닌다. 그런 경우는 역시 양반 사대부 가문에서 볼 수 있다.

따라서 언간은 보내는 사람과 받는 사람의 신분과 계층에 따라서는 왕실의 언간과 민간의 언간으로, 그리고 확인되는 경로에 따라서는 보관해 온 경우와 출토된 경우로 나누어 볼 수 있다. 오랫동안 보관해 왔어도, 어느 시점에서 그들을 공공기관이나 도서관 등에 기증하거나 공개하기 이전까지는 알려지지 않는 셈이다. 참고로 출토 언간 범주에는 여전히 열려 있는 부분이 있다고 할 수 있다. 지금까지 출토되지는 않았지만 이장 등을 통해서 출토될 수도 있기 때문이다.

왕실 언간

왕실과 관련된 언간의 경우, 궁중의 인물이 편지를 보내는 사람, 즉 발신자에 해당하는 언간을 말한다. 궁중이라는 폐쇄된 공간에서 제한된 사람들과 생활해야 했던 탓에 여러 측면에서 일반 민간과는 다른 특수한 성격을 지니고 있었다. 서로 상반되는 두 가지 속성이 동시에 존재한다고 할 수 있다.

우선 왕실에서는 민간과 편지를 주고받은 흔적을 금

기시하는 경향이 있었다. 민간에서 궁중으로 들어오는 편지는 비속卑俗하게 여겨서 기피 대상이 되고는 했다. 궁중에서 민간으로 보낸 편지 역시 그러했다. 친정에서 편지가 오면 왕후는 그 편지 여백에 답신을 써서 보내고는 했다. 민간에서 온 언간이 궁중에 남아 있지 않도록 한 것이다. 왕후의 편지가 친정으로 가면, 친정에서는 그 편지를 정중히 모아 세초洗草하는 것으로 외경畏敬을 표시하기도 했다. 궁중과 왕실의 언간이 그렇게 많이 전하지 않는 것은 이 같은 측면과 관련이 있다. 정조는 심환지에게 비밀 편지를 보내면서 읽은 이후에는 없애 버리라는 말까지 했다. 단적으로 이런 측면은 정조의 생모이자 사도세자의 빈 혜경궁홍씨의 자전적인 회고록『한중록』을 통해서 그 사정의 일단을 엿볼 수 있다.

내가 어려서 대궐 안에 들어와 서찰 왕복이 아침저녁으로 있었다. 그러므로 나의 친정집에는 나의 필적이 많이 있을 것이지만 입궐한 후 선친께서 경계하시기를, "외간서찰은 궁중에 들어가 흘릴 것이 아니다. 문안 이외의 사연이 많은 것도 공경하는 도리에 합당하지 않다. 아침저녁으로 봉하여 보내는 편지의 회답에 소식만 알고 그 종이에 써 보내라" 하셨다. 이에 돌아가신 어머니께 아침저녁으로 보내는 문안 편지에 선친의 경계대로 종이 머리에 써 보냈고, 집에서도 또한 선친의 경계를 받아 모두 모아서 씻어 버렸다. 그러므로 나의 필적이 전하지 않는다.

하지만 다른 한편으로는 왕실의 필적이나 언간은 받는 사람이나 상황에 따라서 소중하게 여겨지면서 보관되기도 했다. 왕의 글씨나 편지는 높여서 '어필御筆'이라 했으며, 그것들은 모아서 책으로 묶기도 했다. 대표적인 것이 어필첩御筆帖과 신한첩宸翰帖이다. 어필첩은 왕의 필적을 모은 서첩書帖을 말하고, 신한첩은 왕과 왕비에게 받은 한글 편지를 후손들이 모아서 만든 서간집을 말한다. 『목릉穆陵신한첩』이 있었다지만 현재 확인되지 않는다. 신한첩으로 널리 알려진 것으로는 『숙명淑明신한첩』과 『숙휘淑徽신한첩』 등이 있다.

여기에서는 현재 확인되는 왕실의 한글 편지 중에서 책으로 묶은 것을 중심으로 살펴보고자 한다.

[그림11] 『신한첩 곤』, 보물 제1946호, 계명대학교 동산도서관 소장

◎『목릉신한첩』: 홍양한洪良漢이 선조의 어필과 인목대
비의 친필을 모아 1741년(영조 17) 편찬했다. 선조의 편
지를 모은 것으로 여겨지나, 현재 소재 미상.
◎『숙휘신한첩』: 원본 명칭은 『신한첩 곤宸翰帖坤』이다.
총 35건이 수록되어 있다. 곤첩 한글 서문에 '언서첩'이
라 적었다. 1802년(순조 2) 인평위寅平尉 정제현鄭齊賢의

5세손 정진석鄭晉錫이 성첩했다. 보물 제1946호로 지정. 계명대학교 동산도서관에 소장되어 있다.

◎『숙명신한첩』: 숙명공주의 남편 청평위靑平尉 심익현沈益顯의 후손가에 전해지던 것으로 분량은 67건에 이른다. 보물 제1947호로 지정. 국립청주박물관에 소장되어 있다.

◎「해주 오씨 오태주가『어필』소재 명안공주 관련 언간」: 현종의 셋째 딸 명안공주明安公主(1665~1687)와 관련된 유물 중에 왕들의 어필, 어필접과 후손의 간찰 모음. 보물 제1220호로 지정. 강릉시 오죽헌·시립박물관에 소장되어 있다.

◎『정조어필한글편지첩』: 정조가 원손 때 글씨 2건과 큰 외숙모인 여흥민씨에게 보낸 한글 편지 14건을 모아 만든 어필첩이다. 국립한글박물관에 소장되어 있다.

◎「순원왕후 언간」: 서울대학교 규장각에 「순원왕후어필봉서純元王后御筆封書」와 「순원왕후어필」이 소장되어 있다. 어필봉서에는 32건이 수록되어 있다. 어필에는 25건이 실려 있다. 이외에도 국립한글박물관 10건, 대학박물관, 개인 소장 등이 있다.

◎「명성황후 언간」: 국립고궁박물관이 문화유산국민

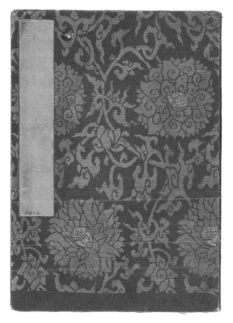

[그림12] 『정조어필한글편지첩』, 국립한글박물관 소장

신탁으로부터 기증받은 10건, 조카 민영소 가문에서
전해지던 65건, 이어 친필 및 궁녀 대필 언간 45건을
구입하여 전체 120건을 소장. 전체 180여 건이 전해지
고 있다.

◎「순명효황후 언간」: 경주김씨 학주공파鶴洲公派 김
면주金勉柱 종가에 소장되어 있던 「순명효황후 언간」

을 관련 유물과 함께 한국학중앙연구원에 기증, 현재 장서각에서 보관, 관리하고 있다. 위관韋觀 김상덕金商悳 (1852~1924)에게 보낸 언간 11건이 포함되어 있다.

◎『덕온공주가의 한글』1, 2에 수록된 언간: 조선의 마지막 공주 덕온德溫(1822~1844)과 양아들 윤용구尹用求 (1853~1939) 그리고 손녀 윤백영尹伯榮(1888~1986)으로 이어지는 가문의 한글 자료 모음집. 왕실 관련 한글 편지 외에도 다양한 자료가 수록되어 있다.

「해주 오씨 오태주가『어필』소재 명안공주 관련 언간」과「순명효황후 언간」에 대해서는 해설이 필요하다. 그들은 왕실의 일원이기는 했으나, 공주가 받은 한글 편지와 황후가 보낸 한글 편지는 각각 해주오씨 오태주 가문과 경주김씨 학주공파 종가에 소장되어 있었다. 명안공주는 해주오씨 집안에 하가했으므로 공주가 받은 현종, 명성왕후, 숙종의 한글 편지는 그 가문에서 전해지게 되었다. 순명효황후의 한글 편지는 받는 사람이 위관 김상덕이었기 때문에 그 후손 가문에서 소장하고 있었던 것이다.

명성황후의 언간과 명성황후 궁녀의 언간이 여흥민

씨 민영소 가문에서 전해지는 것과 덕온공주가(정확하게 윤의선 집안)에서 왕실의 구성원들이 보낸 언간이 전해지는 것 역시 편지는 받는 사람이 소장한다는 맥락에서 이해할 수 있다.

위의 성첩 자료를 통해서 알 수 있듯이 왕과 왕비 역시 한글로 편지를 쓰기도 했다. 배영환(2021)과 이남희(2021) 등의 연구에 따르면, 현재 전해지는 역대 왕과 왕비의 한글 편지 현황은 다음과 같다.

먼저 왕의 언간은 선조(1552~1608) 21건, 효종(1619~1659) 13건, 현종(1641~1674) 12건, 숙종(1661~1720) 8건, 정조(1752~1800) 18건, 익종(1809~1830) 1건이다. 왕이라고 할 수 없지만 흥선대원군(1820~1898)의 한글 편지 4건이 전해지고 있다. 이를 포함하면 모두 77건이다. 한글 편지를 가장 많이 남긴 왕은 선조이고, 그다음으로 정조, 효종, 현종, 숙종 순이다.

현재 전해지는 왕후의 언간은 456건으로, 선조 계비 인목왕후(1584~1632) 2건, 인조 계비 장렬왕후(1624~1688) 4건, 효종 비 인선왕후(1618~1674) 70건, 현종 비 명성왕후(1642~1683) 7건, 숙종 계비 인현왕후(1667~1701) 5건, 영조 계비 정순왕후(1745~1805) 16건,

순조 비 순원왕후(1789~1857) 91건, 헌종 계비 효정왕후
(1831~1904) 30건, 철종 비 철인왕후(1837~1878) 16건,
고종 비 명성황후(1851~1895) 180건, 순종 비 순명효황
후(1872~1904) 11건 그리고 추존된 장조 비 헌경왕후(혜
경궁홍씨, 1745~1805) 2건, 익종 비 신정왕후(1808~1890)
22건이다. 한글 편지를 가장 많이 남긴 왕후는 명성황
후이고, 그다음으로는 순원왕후, 인선왕후, 효정왕후,
신정왕후 순이다.

하지만 이들 수치는 새로운 자료의 발굴에 따라 달라
질 수 있다.

사대부가의 언간

|

조선시대 지배계층은 흔히 양반 혹은 사대부로 불리
는 계층이었다. 그들은 기본적으로 체제 이데올로기로
서의 성리학과 한문에 밝다는 특성이 있었다. 하지만 그
가문의 모든 구성원이 다 한문을 구사할 수는 없었다.
구성원의 절반을 차지하는 여성의 위상 역시 무시할 수
없었다. 성리학자, 관료라 하더라도 할머니, 어머니, 아

내, 딸과 며느리, 조카 등 여성에게는 원활한 소통을 위해서라도 한글을 쓰지 않을 수 없었다. '성대중 언간'과 '정약용 언간'의 경우, 하나의 편지 내용에 한문과 한글이 같이 쓰이고 있는데, 그중 한글은 아내나 누이 같은 여성을 위해서 쓴 것이었다.

명문 사대부 가문에서는 선조들의 그 같은 언간을 버리거나 파기하지 않고 오랫동안 대를 이어 보관해 왔다. 가문에 따라서는 그런 한글 편지를 모아서 한 권의 책(언간첩)으로 엮기도 했다. 『선찰先札』(은진송씨 제월당 송규렴가), 『선세언독先世諺牘』(은진송씨 송준길가), 『선세언적先世諺蹟』(고령박씨가), 『자손보존子孫寶傳』(신창맹씨가), 『총암공수묵내간叢巖公手墨內簡』(나주임씨가), 『임창계선생묵보국자내간林滄溪先生墨寶國字內簡』(나주임씨가) 등이 그런 예에 속한다.

그들은 한글 편지를 하나의 범주로 인지하고 있었던 것이다. 뿐만 아니라 그런 한글 편지첩이 자손들에게 조상들의 자랑스러운 후예라는 자부심과 더불어 그 가문에 고유한 교훈을 안겨 주는 생생한 유산으로서의 의미도 지니고 있었다. '선세'라는 말이 그렇고, '자손 보존'이란 표현 자체가 그러하다. '수묵내간'이나 '묵보국자내간' 같은 표현은 가문의 남성들을 위해서 그렇게 쓴 것으로 여겨진다. 그리고 한글 편지첩을 만들지 않았다 하더라도 한문 편지와 같이 보관한다거나, 한글 편지들을 모아서 소중하게 여기면서 후손들에게 물려주었다는 것 역시 그것들을 귀중하게 여겼음을 말해 준다.

지금까지 확인된 사대부 가문의 한글 편지는 방대한 분량에 이르고 있다. 알려진 것들이 전부라고 단언할 수도 없다. 나중에 살펴볼 출토될 언간들도 있을 것이며, 지금도 가문에서 가보처럼 여기며 대대로 전해지는 언간도 있을 것이기 때문이다. 사대부 가문의 언간 자료를 일일이 다 살펴볼 수는 없다.

여기에서는 현재 알려져 있는 주요한 언간에 대해서 개략적으로 살펴보고자 한다. 한글 편지가 모여 있는 '종별 언간'과 개인의 한글 편지라 할 수 있는 '개별 언간'으로 나누어 보고자 한다.

【종별 언간】
◎ 나주임씨가 『임창계선생묵보국자내간』 언간: 창계
滄溪 임영林泳(1649~1696)이 쓴 편지를 모아 만든 편지

첩『임창계선생묵보국자내간』에 수록되어 있는 언간 18건.

◎ 나주임씨가『총암공수묵내간』언간: 나주임씨 집안에 전해 내려온 언간첩 2첩 가운데 임영의 부친 총암_{叢巖} 임일유林一儒와 관련된『총암공수묵내간』에 수록되어 있는 언간 8건.

◎ 은진송씨 동춘당 송준길가 언간: 동춘당同春堂 송준길宋浚吉(1606~1672) 후손 가문에 전해지는 언간 380건 중에서 96건을 가려 뽑은 것.

◎ 은진송씨 송준길가『선세언독』언간: 송준길 후손가에 전해 내려오는 언간 중에『선세언독』에 수록되어 있는 언간 40건. 발신자별로 배접하여 책으로 만들었다.

◎ 은진송씨 제월당 송규렴가『선찰』언간:『선찰』은 제월당霽月堂 송규렴宋奎濂(1630~1709)을 중심으로 은진송씨 가문 사람들이 주고받은 친필 간찰을 모아 수록한 서간첩. 총 9책이며, 제9책에 한글 편지 124건 수록.

◎ 은진송씨 송병필가 언간: 송병필宋秉弼(1854~1903)과 그 후손을 중심으로 일가 인물 사이에 오고간 언간 91건 수록.

◎ 의성김씨 학봉 김성일가 언간: 안동 금계金鷄의 학봉

鶴峰 김성일金誠一(1538~1593) 종가에 전해지는 언간.『의성김씨 김성일파 종택 한글 간찰』에 167건,『의성 김씨 학봉 종가 언간』에 167건을 포함 전체 287건 수록.

◎ 진성이씨 이동표가 언간: 나은懶隱 이동표李東標 (1644~1700)의 후손 집안에 소장되어 전해 온 언간 37건,『나은선생문집』에 수록된 2건을 포함하여, 총 39건.

◎ 신창맹씨가『자손보전』언간: 신창맹씨가新昌孟氏家의 『자손보전』에 수록되어 있는 언간 20건.

◎ 고령박씨가『선세언적』언간: 고령박씨가高靈朴氏家에 서 전해져 온『선세언적』에 수록된 언간 21건.

◎ 대전 안동권씨 유회당가 한글 간찰: 안동권씨 유회 당공파 가문에 전해지는 언간 등 150건.

◎ 추사가 언간과 추사 언간: '추사가 언간'은 추사를 중심으로 집안 5대에 걸친 언간 중에서 추사의 것을 제 외한 집안사람들의 언간 45건. '추사 언간'은 추사 본인 이 쓴 언간 40건.

◎ 광산김씨 가문 한글 간찰: 대전 고정리에 대대로 거 주해 온 광산김씨가光山金氏家의 한글 간찰. 총 149건.

◎ 전주이씨 덕천군파 종택 한글 간찰: 덕천군파德泉君派

석문공石門公 이경직李景稷(1577~1640) 가문의 언간.
76건.

이들 외에도 병와 이상형가 언간 21건, 해남윤씨 어
초은공파 언간 37건, 전주유씨 안동수곡파 언간 60건,
창원황씨 언간 69건, 순흥안씨 언간 22건, 용인 해주
오씨 언간 33건, 안동 진성이씨 번남가 언간 44건, 보
령 경주김씨 언간 20건, 영광 연안김씨 언간 25건 등이
있다.

이제 주요한 '개별 언간'에 대해 정리해 보기로 하자.

【개별 언간】

◎ 정철 언간: 송강松江 정철鄭澈(1536~1593)의 후손 가
문에 전해지는 언간 3건. 그중에서 정철이 아내 문화유
씨에게 보낸 언간 1건.

◎ 김성일 언간: 학봉 김성일이 안동 본가에서 장모를
모시고 있던 부인에게 쓴 언간 1건.

◎ 허목 언간: 미수眉叟 허목許穆(1595~1682)이 조카딸에
게 쓴 언간 1건.

◎ 송시열 언간: 송시열宋時烈(1607~1689)이 쓴 언간

10건.

◎ 성대중 언간: 청성靑城 성대중成大中(1732~1809)의 글
씨와 편지를 모은 필첩筆帖. 『청성간첩靑城簡帖』에 수록된
언간.

◎ 김윤겸 언간: 화가 진재眞宰 김윤겸金允謙(1711~1775)
이 친척에게 쓴 것으로 추정되는 언간 1건.

◎ 정약용 언간: 다산 정약용이 자형姊兄에게 쓴 한문
편지 옆에 누님을 위해서 한글로 몇 줄 적은 언간 1건.

◎ 안민학 언간: 남편 안민학이 아내 현풍곽씨玄風郭氏에
게 보낸 언간 1건.

◎ 월성이씨 언간: 월성이씨月城李氏가 아들 권순경에게
보낸 언간 3건.

이상에서 살펴본 대로 조선시대 사대부의 후손 가문
에서는 방대한 분량의 한글 편지가 전해지고 있다. 가
문에 따라서 한글 편지라는 인식을 분명하게 가지고 독
립된 책으로 엮은 경우도 있다. 그 같은 언간첩에 붙인
이름만 보더라도 '보존'해서 자손들에게 자긍심을 안겨
주고 '교훈'으로 삼고자 하는 의도가 있다. 상대적으로
한글 편지 건수가 적어서 책으로 묶기 어려운 경우도

가문에서 대대로 전해져 내려온 경우도 있다. 하지만 귀중하게 여기고 자손들에게 전해 주었다는 점에서는 큰 차이가 없다.

현재 확인되는 전체 언간 중에서 사대부 가문의 한글 편지가 방대한 분량에 이르며, 양뿐만 아니라 질에서도 역시 큰 비중을 차지하고 있다. 아직 드러나지는 않았지만, 여러 가문에서 여전히 전해지고 있는 언간도 있을 것이다.

그와 관련해서 최근 조선시대 언간을 통해서 본 「사대부가 남성의 삶과 여성의 삶」에 대한 개별 연구서이래호, 2021; 신성철, 2021가 나온 것은 반가운 일이다. 이런 연구가 토대가 되어 사대부 가문의 언간에 대한 연구가 여러 측면에서 이루어져야 할 것이다.

출토 언간

전해지고 알려져 있던 한글 편지 자료 외에, 일차 자료로서의 새로운 한글 편지들이 나타나면서 언간 연구는 활기를 띠게 되었다. 지금까지 전혀 알려지지 않았던 언간 자료들이 새롭게 출토되었기 때문이다. 묘지를 이 장한다거나 하는 과정에서, 생각지도 못했던 언간 자료들이 대거 발견되었다. 1970년대 후반부터 출토되기 시작했는데(순천김씨묘 출토 언간), 가장 최근에 출토, 확인된 것은 2016년이다(청풍김씨묘 출토 언간).

이 출토된 언간들의 경우, 발견될 때마다 세상의 이목을 집중시켰으며, 경우에 따라서는 단행본 연구서도 나와 있다. 기존 연구에서는 전체 언간 자료와 같이 다루고 있지만, 여기서는 출토된 순서에 따라 살펴보고자 한다.

◎ 순천김씨묘 출토 언간(1977): 충청북도 청원군에서 채무이의 후처 순천김씨의 묘를 이장하면서 전체 192건 문서가 나왔다. 한글 자료는 189건, 대부분 순천김씨 가족의 한글 편지이며, 신천강씨(친정어머니)가 딸(순천김씨) 등에게 보낸 120여 건, 김훈(친정아버지)이 딸(순천김씨)에게 보낸 10여 건, 채무이가 순천김씨(아내)에게 보낸 30여 건 등.

◎ 진주하씨묘 출토 언간(현풍 곽씨 언간)(1989): 경북 달성군 진주하씨의 묘에서 출토된 문서 자료 172매 중

에서 한글로 쓰인 167매. 대부분은 현풍곽씨 곽주郭澍 (1569~1617)가 부인에게 쓴 편지. 부부의 거주지가 서로 달랐기 때문이다. 1993년 중요민속문화재 제229호로 지정되었다.

◎ 이응태묘 출토 언간(1998): 이응태李應台(1556~1586)의 부인이, 서른한 살의 젊은 나이, 자신과 뱃속의 아이를 남겨둔 채 요절한 남편 이응태를 그리며 쓴 애절한 편지. '원이 어머니 편지'로 불리기도 한다. '원이 아버지께'로 시작하는 사연과 자신의 머리카락으로 짠 미투리가 같이 출토되었다.

◎ 진주유씨가 출토 언간(2001): 경기도 포천 유시정의 묘에서 출토되어 진주유씨가 종손가에 보관하고 있던 언간 58건. 유시정이 부인 안동김씨에게 보낸 한글 편지.

◎ 파평윤씨 모자 미라 부장 언간(2002): 파평윤씨 어머니와 아들의 미라와 같이 발견된 언간.

◎ 신창맹씨묘 출토 언간(2011): 대전 지역에서 발굴된 한글 편지 2건. 군관 나신걸羅臣傑(1461~1524)이 아내 신창맹씨에게 보낸 편지. 현재 확인된 언간 중에서 가장 오래된 언간이다.

◎ 양호당 이덕열 언간(청풍김씨묘 출토 언간)(2016): 전남 곡성군 청풍김씨묘를 이장할 때 나온 언간 13건. 남편이 보낸 편지 뒷면에 아내가 답장을 쓴 것이 있어 총 14건.

이처럼 1970년대 후반부터 2016년에 이르기까지 여러 언간이 출토되었다. 출토된 언간들은 세인의 주목을 끌었을 뿐만 아니라 언간에 대한 관심을 불러일으켰다. 언간에 대한 연구를 촉진시키는 하나의 중요한 계기가 되었다. 무덤에까지 한글 편지를 가지고 갔다는 사실은 그 언간과 그 속에 담겨 있는 사연을 얼마나 중요하게 여겼는지 알 수 있다.

그 외의 언간

현재 전해지는 언간은 주로 왕실과 사대부 가문의 것이라 할 수 있다. 양으로 보아서는 사대부 가문의 것이 대부분을 차지한다고 할 수 있다. 하지만 그 외에도 적은 양이기는 하지만 다른 계층의 언간 역시 확인되고 있다. 궁녀가 쓴 언간도 전해지고 있다. 뿐만 아니라 계층적으로 보면 중인, 구체적으로는 통사通事, 譯官가 한글로 일본 관리에게 쓴 편지, 승려가 쓴 편지가 있다. 이 사례들에 대해서는 〈제4장 언간의 세계, 그 맛보기〉에서 다룰 것이다. 드물게 상인(포전상인)이 쓴 한글 편지도 국립한글박물관에 소장되어 있다.

사대부가 노비에게 보낸 한글 편지도 확인되고 있다. 송규렴이 노복 기축이에게 보낸 편지 1건, 곽주가 노복 곽상에게 보낸 편지 2건 등이 전해진다. 송규렴의 편지에서는 "4섬 도지賭地도 워낙 보잘 것 없는데, 이것을 사서 일절 정직하게 하지 않으니, 네 놈의 사나움은 천지간에 없으니 한 번 큰일이 날 것이라. 작년에는 도지 2섬을 공연히 바치지 않고 (…) 또 흉악을 부리다가는 나도 분을 쌓아둔 지 오래라 큰일을 낼 것이니, 그리 알라"라는 식으로 나무라면서 으름장을 놓고 있다. 이를 미루어 보면 노비나 노복 역시 한글 편지는 읽을 수 있었던 것으로 여겨진다.

또한 전해지지는 않지만 하층민 사이에서도 한글로 쓴 편지, 언간을 주고받았던 것을 뒷받침하는 관련 자료도 있다. 1752년(영조 28) 4월 18일자『영조실록』기사에 따르면, 비첩婢妾 초정이 신문당하고 공초하는 가운데 자신이 "이양제에게 언찰諺札을 보낸 것은 다만 전토田土를 추심하는 일로 서찰을 왕래한 바 있었다"는 것을 말하고 있다. 비첩도 언찰을 써서 보내고 받았음을 알 수 있다.

3장

언간 읽기와 쓰기

1 발신자와 수신자
그리고 편지

『주역周易』「계사전繫辭傳」에 이런 말이 나온다. "서부진언書不盡言, 언부진의言不盡意", "글은 말을 다하지 못하고, 말은 뜻을 다하지 못한다"는 뜻이다. 글이란 하고 싶은 말을 다 나타내지 못하고, 말이란 원래의 생각을 모두 나타내지 못한다는 것이다.

하지만 자신의 뜻[意]이나 생각을 다른 사람에게 전하려면, 아무래도 말[言]을 해야 하는 것이다. 이심전심以心傳心이란 말이 있기는 하지만, 특별한 사정이나 경우가 아니면 역시 말을 해야 한다. 멀리 있어서 만날 수도 없고 말로 할 수도 없을 때는 어떻게 해야 할까. 오늘날은 전화, 녹음, 동영상 등의 여러 방법이 있지만, 조선시대라면 어떨까. 다른 사람을 통해서 자신의 말을 전하게 한 수도 있지만, 제대로 전달될 수 있을까 하는 의문을 떨쳐버릴 수 없다. 역시 하고 싶은 말을 글로 쓸 수밖에 없다. 자신이 하고 싶은 말을 다하지 못한다 할지라도 역시 글로 쓸 수밖에 없는 것이다.

누가 누구에게 무얼 쓰는가. 이 뼈대는 어느 시대의 어떤 편지라 하더라도 거의 다르지 않았다. 조선시대의 한글 편지, 언간에도 마찬가지로 세 가지 요소가 있다. ① 보내는 사람(발신자), ② 받는 사람(수신자), ③ 편지, 구체적으로는 편지에 담기는 사연(혹은 용무)이 그것들이다. 사연이야말로 전하고자 하는 자신의 뜻 혹은 생각이라 해도 좋다.

때문에 편지는 '읽기' 전에 보내는 사람이 먼저 '써야' 한다. 당연한 것이다. 써서 보낸 것을 읽는다. 그걸 읽고 답장을 쓰는 것이 자연스럽다. 쓰기와 읽기 그리고 다시 쓰기와 읽기로 이어진다. 보내는 사람과 받는 사람의 입장은 자연히 바뀌게 된다. 이 장에서는 받는 사람의 읽기보다는 보내는 사람의 쓰기에 초점을 맞춰서 살펴보기로 한다.

다만, 편지 쓰기에 들어가기에 앞서 그에 관련된 몇 가지 관련 사항을 정리해 두고자 한다. 편지 쓰기에서 제일 중요한 것은 왜 쓰는가, 무엇을 위해서 쓰는가 하는 점이다. 보내는 사람의 뜻이나 생각, 다시 말해서 사연을 전하기 위해 쓰는 것이다. 그런 생각이 없다면 쓸 수 없다. 쓸 필요가 없는 것이다.

누가, 어떻게 쓰는가. 흔히 언간은 '자필'로 쓴 것으로 여겨지지만 반드시 그렇지는 않았다. 자필은 서체 등을 통해서 그 사람의 인품이나 성격을 느낄 수 있다. 신언서판身言書判이라 하여 글씨는 그 사람을 평가하는 잣대의 하나가 되기도 했다.

하지만 반드시 자필로 써야 하는 것은 아니었다. 여러 이유로 다른 사람이 대신 써 줄 수도 있었다. 이른바 '대필'이다. 대필하는 사람에게 다 맡길 수도 있지만, 완전히 그런 경우는 그렇게 많지 않았다. 하고 싶은 말 내지 사연이 있었기 때문이다. 보내는 사람이 요지를 말해 주거나 내용을 불러줄 수도 있다. 현재 전하는 언간 중에는 가족 구성원의 편지 글씨체가 꼭 같은 경우가 있는데, 누군가 대필해 줬을 가능성이 높다. 또 하나의 예를 든다면 궁중에서는 글씨 잘 쓰는 상궁(서사상궁書寫尙宮 혹은 지밀나인 서기書記 등)이 있어서 왕실, 특히 왕후의 언간을 대신 쓰기도 했다.

어디에 무엇으로 쓰는가. 흰 종이에 붓으로 먹을 찍어서 썼다. 이른바 문방사우文房四友(紙筆硯墨: 종이, 붓, 연적, 먹)가 필요했다. 요즘과는 달라서 조선시대에 문방사우를 제대로 갖추고 있으려면 아무래도 양반, 사대부 가문에서나 가능했을 법하다. 먹고살기도 빠듯한 일반 백성이나 하층민에게는 그렇게 쉽지 않았을 것이다.

거기서 신분이나 계층의 차이가 드러나게 마련이다. 종이가 일반화되기 훨씬 이전에는 나무[札], 대나무쪽[竹簡], 비단[帛] 같은 데 썼지만, 조선시대의 경우 대부분 종이를 이용했다. 현재 전해지는 언간들이 나름 증거가 된다. 종이라는 측면에서는 다를 바 없지만, 더러 화려한 고급 시전지詩箋紙를 쓰는 경우도 있었다. 예컨대 명성황후(민비)가 쓴 편지지를 보면 붉은 선이 그어져 있으며, 바탕에는 매화나무와 꽃이 그려져 있다. 또한 순명효황후가 보낸 한글 편지를 보면, 붉은 색의 선이 세로로 그어져 있고 바탕에는 붉은색의 꽃을 피운 국화 무늬가 새겨져 있다(그림13 참조). 궁중에서 하사하는 물품 목록에도 더러 시전지가 들어 있었다. 아무래도 중국에서 들어오는 좋은 편지지를 선호했음을 알 수 있다.

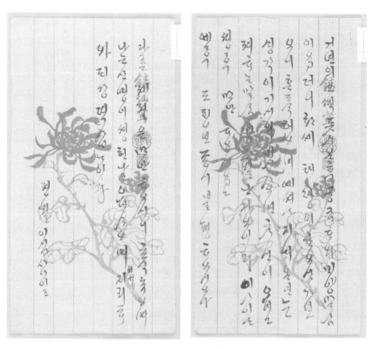

[그림13] 순명효황후 → 김상덕, 경주김씨 김면주종가 소장

하지만 전반적으로 종이가 귀했으며 그래서 아껴 썼다. 사연이 넘치면 종이의 위아래 여백까지 채우기도 했고, 또한 받은 편지에 그대로 답신을 써서 보내는 경우도 많았다. 예를 들면 영조의 계비 정순왕후의 경우, 조카 김노서가 자신에게 보낸 언간에다 바로 답신을 써서 보내고는 했다(그림14 참조). 당시 흔히 그렇게 했음을

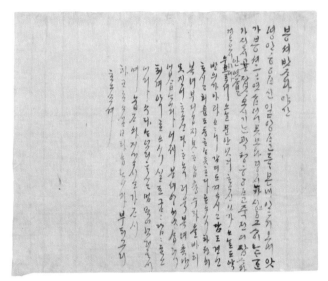

[그림14] 정순왕후 ↔ 김노서, 국립한글박물관 소장

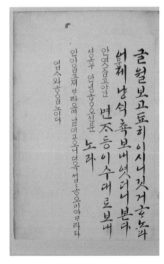

[그림15] 효종 ↔ 숙명공주, 보물 제1629호. 국립청주박물관 소장

짐작해 볼 수 있다. 심지어 왕도 그렇게 했다. 효종은 딸 숙명공주가 올린 문안 편지의 여백에 자신의 답신을 써서 보냈다(그림15 참조). 아버지(왕)와 딸(공주)의 필적이 같이 있는 경우다.

어떤 글씨체로 쓰는가. 사실 글씨체 같은 것에 정해진 규칙은 없었다. 더구나 자필의 경우 인품이나 성격이 묻어나오게 마련이며, 그것이 매력이기도 하다. 그래도 유행하는 서체가 있었다. 16세기 후반의, 초기 언간을 보면, 남자나 여자나 모두 한문 서체를 투박하게 모방하는 효빈체效顰體를 사용했다. 효빈체는 글자 하나하나가 떨어져 있는데다 미적인 맛도 없고 품격도 없었다. 달필처럼 흘려서 쓴 예는 보이지 않는다. 하지만 후대로 갈수록 여성의 필적은 세로획의 위치가 일정한 궁체宮體에 가까운 글씨체로 정착해 가고, 남성의 필적 역시 글자를 흘려서 쓰는 초서체를 보여 준다. 이 같은 글씨체의 변모는 시간의 흐름과 더불어 언간을 많이 쓰게 되었으며, 그만큼 유려하게 빨리 써내려가는 형식으로 굳어져 갔음을 말해 준다.

그와 관련해 궁녀들이 쓰게 된 궁체는 한글 서체의 대표적인 것이라 할 수 있다. 궁중에서 한글 사용이 활

발해짐에 따라 교서, 전교, 언간을 쓰는 서사상궁을 두
게 되었다. 주로 그들이 쓰기 시작한 글씨체를 궁체라
불렀다. 궁체는 안정되어 있으며 우아하고 원만하며 간
결한 것이 특징이다. 지금도 한글 글씨체의 기본이 되고
있다.

2 형식에 맞게 편지 쓰기

이제 편지 쓰기에 들어가 보자. 종이를 한 장 펴 놓고, 갈아 놓은 먹을 붓으로 듬뿍 찍어, 한글 편지를 써내려가면 된다. 그런데 막상 붓을 들고 보니, 누구에게 어떤 용무로 쓰는지에 따라 달라지겠지만, 첫 마디를 뭐라고 시작해야 할지 막막하다. 모범 양식 같은 것이 있으면 좋을 텐데라는 생각도 들었을 것이다.

그런 측면에서 19세기에 등장하는 방각본 『언간독』, 『언간독』을 증보한 『증보언간독』 같은 책은 참조가 된다. 방각본이란 사가私家에서 판매할 목적으로 간행한 책을 말한다. 판각한 지역에 따라 경판본(서울), 완판본(전주), 안성판본(안성)으로 나누어지며, 1846년 무렵 출판되기 시작해 현재 57종이 전한다. 판매할 목적으로 간행했다니, 이른바 상업 출판이며, 그만큼 수요가 있었다는 것을 알 수 있다. 실제로 그들을 참조해 언간을 썼는지는 의문이지만, 그만큼 언간 사용이 활발해졌다는 것이며, 자연스레 그런 류의 참고 서적이 필요했다는 것을 말해 준다.

한글 편지, 즉 언간 전체에 해당하는 것이지만, 한문 편지 쓰는 방식이나 형식을 많이 참조했을 것으로 여겨진다. 『언간독』, 『증보언간독』 같은 대표적인 형식을 모아 놓은 편지 쓰기의 교과서 역시 그러했다. 한문과 한문 편지에 대해서 잘 아는 식자들이 한글에 맞게끔 시도했을 가능성이 크다.

전체적으로 사연을 적어 가는 방식은 크게 ① 호칭과 인사말(전문), ② 핵심 사연, 편지 보내는 이유 등(본문), ③ 마무리 부분(후문)의 세 부분으로 나누어 써나가면 된다. 한문 간찰이나 요즘 편지나 크게 다를 바 없다. 모든 언간이나 편지가 그렇게 구성되는 것은 아니다. 단 한 줄짜리 언간도 있었다. 하지만 '기본형'이라 할 수 있다. 앞과 뒤에 인사말과 마무리가 있고, 그 사이에 중요한 사연이나 용무, 안건 등을 말하기 때문이다.

이런 점을 염두에 두고 편지 쓰기에 들어가게 되면,

한글의 특성상 자신이 생각하는 대로 자연스럽게 쓸 수도 있었을 것이다. 하지만 최소한의 형식과 관련된 격식은 차려야만 했다. 격식에 맞게 편지를 써야 읽는 사람도 그렇게 읽는다. 그래야 제대로 의사소통이 될 뿐 아니라 편지를 쓴 보람도 있을 것이다. 한글 편지의 필사 형식을 이종덕(2010), 황문환(2015), 김효경(2005) 등을 참조하여 정리해 보기로 하자.

순서와 예우

쓰기 순서

흰 종이를 앞에 놓고, 먹을 듬뿍 찍어 붓을 들었다면, 어디서부터 써 내려가야 하는가. 오늘날 우리는 가로쓰기를 하고 있다. 왼쪽에서 오른쪽으로 써 나가고, 오른쪽 끝부분에 다다르면 다시 왼쪽 첫머리에서 시작하는 방식이다. 하지만 조선시대에는 세로쓰기를 했다. 위에서 아래로 써 내려가고, 다시 위로 올라가 아래로 써 내려가는 방식, 그리고 방향은 오른쪽에서 왼쪽으로 나아가는 것이다.

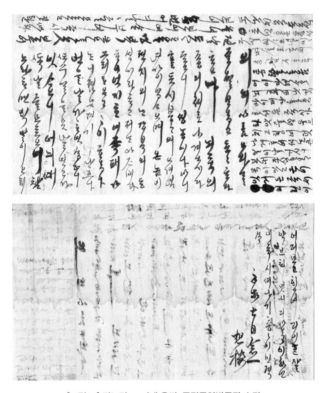

[그림16] 김노경 → 기계 유씨, 국립중앙박물관 소장

그래서 흰 종이의 오른쪽 끝부분에서 약간 여백을 둔 지점 그리고 위쪽에도 여백을 좀 둔 지점에서 아래로 써 내려가면 된다. 위쪽 상단과 오른쪽 끝부분에 여백을 둔 것은 어떻게 하는가. 그것은 그 편지지 자체를

봉투로 마무리[自封]할 때 쓰일 수도 있다. 또한 사연이 넘치거나 해서 덧붙여서 써야 할 경우를 대비해 그렇게 해두는 것이다.

세로쓰기에다, 오른쪽에서 왼쪽으로 나아가는 방식으로 사연을 써 나갔다고 하자. 한 장으로 끝나면 좋을 텐데, 얘기를 하다 보면 길어지게 마련이다. 왼쪽 끝부분까지 왔으면 어떻게 하는가. 새 종이를 쓸 것인가. 아니다. 그때 위쪽과 오른쪽에 남겨 두었던 여백을 활용하는 것이다. 한문 간찰도 다르지 않았다. 다만 그 여백을 활용할 때 아무렇게나 쓰는 것보다는 일반적인 방식에 따르는 것이 좋다. 그래야 읽는 사람도 그렇게 읽기 때문이다. 그 순서는 시계 반대 방향으로 돌아가며 여백을 활용하는 것이다. 이른바 회문식回文式이다.

사연을 적어가다가 [그림16]처럼 왼쪽 끝에서 마무리되지 못했을 때는, 본문의 위 여백으로 올라가 사연을 적는다. 그래도 모자랄 경우에는 오른쪽 여백에 적는다. 그래도 끝나지 않고 더 할 말이 있으면, 이미 썼던 편지의 행간 사이사이에까지 쓴다(하지만 [그림16]에서는 그러지 않았다). 처음 썼던 것과의 구분을 위해서 작은 글씨체 혹은 옅은 글씨체로 쓸 수 있다. 사연을 빠짐없이 다

117

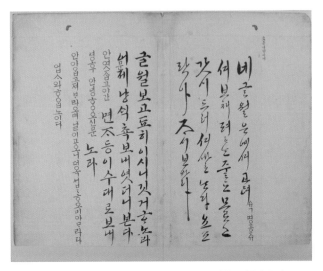

[그림17] 효종 → 숙명공주, 보물 제1629호, 국립청주박물관 소장

읽으려면 편지를 90도씩 돌려가면서 순서대로 읽어야 하는 것이다. 그래도 다 쓰지 못했을 경우에는 뒷면으로 넘어가기도 했다.

이처럼 여백을 일정한 순서로 활용하는 것은 종이가 그만큼 귀했다는 것 그리고 가능한 한 한 장으로 편지를 마무리하고자 했음을 보여 준다. 자신이 받은 편지 내지의 여백을 활용하는 사례도 나타난다.

[그림17]을 보면 왼쪽에 작고 여린 서체로 쓴 부분은 숙명공주가 아버지 효종에게 보낸 문안 편지이며, 크고

활달한 서체로 쓴 부분은 효종이 숙명공주에게 보낸 답신이다. 숙명공주가 보낸 편지의 본문을 지우지 않고서 그 여백에 효종이 사연을 적어 보냈기 때문이다. 그래서 숙명공주가 보낸 문안 편지가 고스란히 전해지게 되었다. 공주가 부왕에게 보낸 문안 편지로는 가장 오래된 것이다. 오른쪽 언간 끝부분에 작은 글씨로 "슉명공쥬"라는 서명만 적혀 있는데, 이는 숙명공주가 보낸 편지 내지에서 (본문은 잘라내고) 그 여백에 사연을 적어 보냈기 때문이다.

필사 격식

발신자와 수신자 사이에는 일정한 예우禮遇 내지 대우하는 형식도 있다. 한글이니까 일차적으로 존댓말이나 경어법이 사용되어야 하지만, 어투를 넘어서 편지 형식에서도 그것을 표현하고자 했다. 그것은 크게 두 가지로 요약된다고 볼 수 있다.

상대방을 높이는 방식과 자신을 겸양하는 방식이 그것이다. 전자에는 대두법擡頭法과 간자법間字法, 후자에는 차소법差小法이 있다.

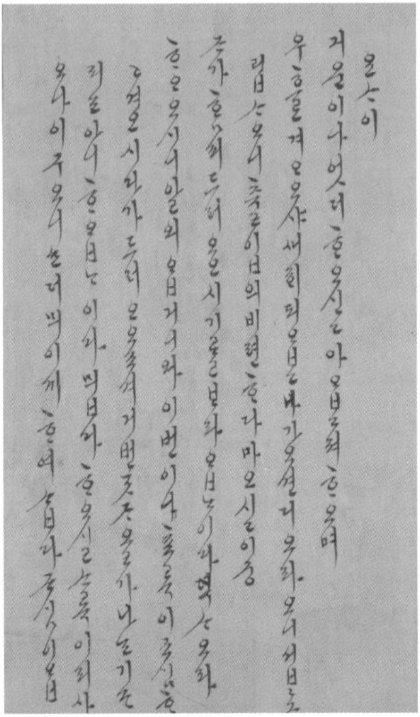

[그림18] 인현왕후 → 숙휘공주, 보물 제1946호, 계명대학교 소장

① 대두법과 간자법

한글 편지만의 특별한 격식이 있는 것은 아니다. 다른 형식의 글에도 공통적으로 나타나는 특징이 편지에서도 보인다. 글자가 쓰이는 공간을 이용해 대상에 대한 높임을 나타내는 방식으로 대두법이 있다. 필사본과 인쇄본에 두루 나타나는 대표적인 격식이라 하겠다.

그 인물에 대해서 존대한다는 것을 표시하기 위해서, 우선 행을 바꾸고, 이어 다른 행보다 글자를 올려 적는 방법을 말한다. 그럴 수 있으려면 윗부분에 상당한(적어도 두 글자는 들어갈 수 있는) 정도의 여백이 확보되어 있어야 한다. 대두법은 존대하려는 대상을 가리키는 체언體言과 그 대상의 행위나 상태와 관련된 단어에 적용된다. 이 같은 대두법은 공사公私 문서를 비롯하여 일반 판본版本 자료에서 많이 보인다. 대두법은 간찰과 언간 자료에서도 확인된다. 받는 사람이 정해져 있기 때문에 그 같은 격식은 더욱 지켜져야 하는 것이다. 왕이나 왕비도 상대를 높이기 위해 대두법을 취했다.

[그림18]은 인현왕후가 25세 많은 시고모 숙휘공주에게 보낸 것이다. 이 편지에서도 그런 존대가 잘 드러나 있다. "요사이 기운이 어떠하신지 알고자 하오며" "주상께서는[우흐로겨오샤]"이라고 하여 숙휘공주와 주상전하 숙종에 대해 대두해서 한 글자 올려 적고 있다.

언간 자료에서는 글자를 올려적지[擡頭] 않고 행만 바꾸어 적는 것[改行]으로 대두법을 대신하는 경우도 있다. 이는 '대두'라는 원래 의미[머리를 들어 올림]에는 맞지 않으므로, 이행법移行法 혹은 이행식移行式이라 하기도

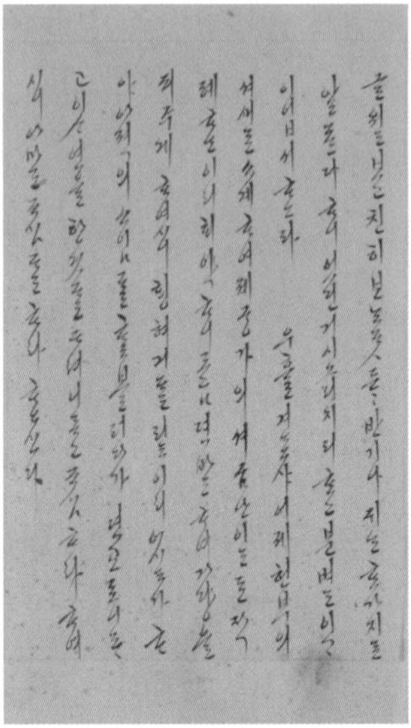

[그림19] 『숙명신한첩』, 보물 제1947호, 국립청주박물관 소장

한다. 언간 자료에서는 이 같은 '이행'만으로 대두법을 대체하는 사례를 자주 볼 수 있다.

　다음으로 간자법間字法은 글을 써 내려가다 행行을 바꾸는 대신에 존대해야 할 대상을 가리키는 체언과 단어 바로 위에 글자 하나가 들어간 만큼 빈칸을 두는 것을 말한다([그림19] 참조). 격자법隔字法, 격간법隔間法, 공격空格 등으로 부르기도 한다. 대두법에서 올려 적는 글자 수가 다를 수 있듯이, 간자법에서도 비워 두는 간격의 크기, 즉 글자 숫자만큼의 빈칸에 차등을 두기도 한다. 이 같은 간자법은 공사 문서를 비롯해 일반 판본 자료에서 흔히 볼 수 있다.

그러면 대두법과 간자법은 존대라는 기능 차원에서 본다면 어떠한 차이가 있었을까. 그 점에 대해서는 분명하게 정리되지 않은 듯하다. 실제 언간 자료를 보면, 같은 자료에 대두법과 간자법이 같이 쓰이기도 하고, 심지어 같은 '용어'에 대해 대두법과 간자법을 같이 사용한 용례도 확인되고 있다.

때문에 고문서 규식에서는 존대 기능을 수행한다는 공통점에 주목하여 대두법과 간자법을 한데 묶어 평궐식平闕式이라 하기도 한다. 평平은 행을 바꾸는 것, 즉 대두를 의미하며, 궐闕은 글자를 비워 두는 것, 즉 간자間字를 의미한다고 한다.

신분과 계층에 따른 위계질서가 중시되는 조선 사회에서 '예禮'를 지키는 일은 실로 중대한 사안이었다. 그것은 편지 글에서도 그러했다. 그런데 그런 격식, 특히 대두법의 하나인 격간식, 간자법을 적용하여 써야 했지만, 그러지 못했을 때에는 사안에 따라 문제가 될 수 있다. 중대한 예를 지키지 않았기 때문이다. 간자 부호는 바로 그럴 때, 다시 말해서 빠트린 간자법을 보충해 넣을 때 쓴 것으로 여겨진다(이종덕 2010).

간자 부호는 형태로 보면 두 개의 동그라미(권표圈標)를 겹쳐 놓은 듯하지만, 간자 부호는 행의 오른쪽에 나타나며, 삽입 위치를 표시한다. 간자는 글자 하나 들어갈 공간을 비워 두는 것이므로, 부호 자체만으로도 그 기능을 다한다. 글자가 필요 없는 것이다.

사적인 성격이 짙은 언간에서, 간자 부호가 지극히 드물게 나타나는 것은 어쩌면 자연스러운 일이다. 그런데 한문으로 된 고문서에도 간자 부호에 준하는 사례가 있다고 한다. 대우 격식과 예禮라는 관점에서 보자면, 간자 부호가 갖는 의미와 성격은 충분히 이해할 수 있다.

② 차소법差小法

상대를 직접 높이는 대두법, 간자법과는 달리 쓰는 사람 자신을 겸양함으로써 상대를 높이는 방식이 차소법이다. 자신을 지칭하는 단어를 다른 글자보다 작게 씀으로써 겸양의 뜻을 표현하는 것이다. 어떻게 자신의 겸양을 표현할 것인가. 한 예로 현종은 왕이었지만, 자신을

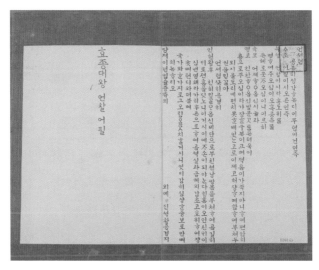

[그림20] 『신한첩 곤』 서문, 보물 제1946호, 계명대학교 동산도서관 소장

가리키는 단어(臣)를 다른 글자의 절반 크기로 적었다.
크기 자체는 바로 눈에 띈다. 뿐만 아니라 행의 오른쪽
끝에 치우치게 적었다. 왕이 자신을 '신臣'으로 칭했다는
것 자체가 흥미롭다(배영환 2009).

그런데 여기 흥미로운 자료가 하나 있다. 『숙휘신한
첩』, 즉 『신한첩 곤』의 서문 자료가 그것인데, 거기에는
지금까지 살펴본 대두법, 간자법, 차소법 등의 대우 격
식을 종합적으로 적용하고 있기 때문이다. 한곳에서 대

우격식 모두를 볼 수 있는 좋은 자료다.

먼저 [그림20] 전문에 대한 현대역은 다음과 같다. 후손 정진석이 쓴 한글 서문을 통해 신한첩을 성첩하게 된 내력을 알 수 있다.

공손히 생각하건대 이 두 첩의 건은 바로 네 분의 어필御筆이시요 곧은 바로 여섯 분의 언찰諺札이시라. 혹 도위都尉를 명하여 주신 것이요 혹 공주를 은혜로써 물으신 것이시니, 일찍이 숙종께서 몸소 지으신 시율詩律과 효종께서 친히 지으신 발문跋文 같은 것은 더욱이 아낌으로써 주신 것이다. 집에 간직된 옛 첩이 크고 작음이 가지런하지 않아 편안히 모실 도리에 편치 못한 점이 있는 까닭에 이제 고쳐 꾸며 합치어 두 권으로 만들고, 언서첩諺書帖 끝에 공경히 인현왕후께서 친히 만드신 비단으로 붙인 선물주머니[膳囊] 양면을 붙여서 길이 대대로 전하게 하였으니, 이것이 이에 자손이 되어서는 다행이요 신하에 있어서는 영화다. 가히 후손으로 하여금 석실과 금궤에 감추고 호위하여 장차 천지와 함께하며 국가와 한 가지로 그 오램을 같이할 것이니, 어찌 감히 보통의 중보重寶로서만 의논하리오.

당저躀宁 이년 임술 중추에 외손 신臣 진석이 황공스럽게 삼가 적다.

우선 『숙휘신한첩』 서문에서 '스조', '뇩셩', '슉묘', '영고', '인현왕후', '당져'는 행을 바꿈[移行]과 동시에 글자 두 개 정도 올려 적었다[雙擡]. '명ᄒᆞ여', '은혜', '춍', '국가'는 행을 바꿈과 동시에 글 자 하나 정도 올려 적었다. 그러니까 대두법을 실행한 것이다. 그에 반해서 '어필,' '언찰', '어졔ᄒᆞ옵신', '친찬ᄒᆞ옵신', '친히밍글ᄋᆞ옵신'은 그 앞에 한 자 정도의 빈칸을 두고 있다. 간자법을 실행한 것이다. 존대 대상과 관련 정도에 따라 대두법과 간자법에 나름대로 차등을 두어 실행하고 있다는 느낌을 주고 있다.

맨 마지막 줄에 서문을 쓴 사람을 밝히는 부분 '외예신 진셕황공경지'는 그 시작 위치를 말행에 맞추고 있으며, '신'은 작은 글자로 오른쪽에 치우치게 쓰고 있다. 차소법을 실행한 것이다.

문장 부호와 교정

|

하고 싶은 말을 일필휘지로 써 내려갈 수도 있지만, 그렇지 않은 경우가 더 많을 것이다. 자신의 뜻이나 생각을 글자로 표현하는 것이 쉽지만은 않다. 써 내려가다 보면 더러 잘못 썼을 수도 있고, 그것을 수정하고 싶을 때도 있다. 효율적으로 운필할 수 있는 방법이 있다면 좋을 것이다. 그럴 때 구체적인 부호를 사용하는 것이다. 부호의 모양과 위치 등에 대해서도 나름대로 일정한 격식이 있다. 문장 부호와 교정 부호가 그것이다.

문장 부호

① 반복

언간을 보다 보면 가장 흔히 접할 수 있는 부호가 반복 부호다. 편지를 쓰면서 같은 글자나 어구를 반복해서 쓸 때, 그것을 반복하는 대신에 적는 부호를 말한다. 언간에서는 그 모양이 ' 〃 '으로 나타난다. 그 이름을 뭐라고 하건 간에 그 기능은 같은 글자, 어구가 반복된다는 것을 가리킨다. 쓸 때도 그렇게 사용해야 하며, 읽을 때도 그렇게 읽어야 하는 것이다.

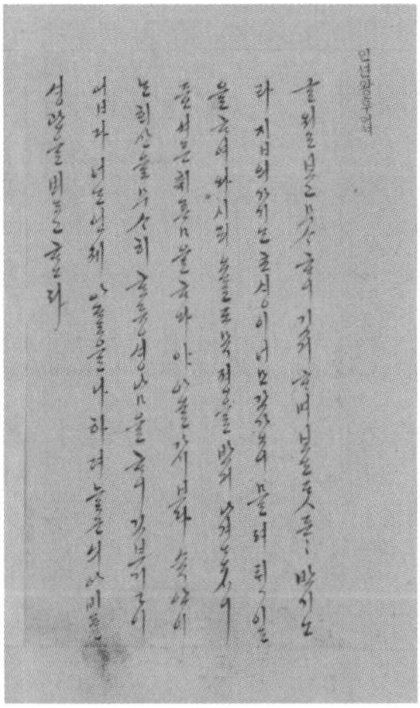

[그림21] 인선왕후 → 숙명공주, 보물 제1629호, 국립청주박물관 소장

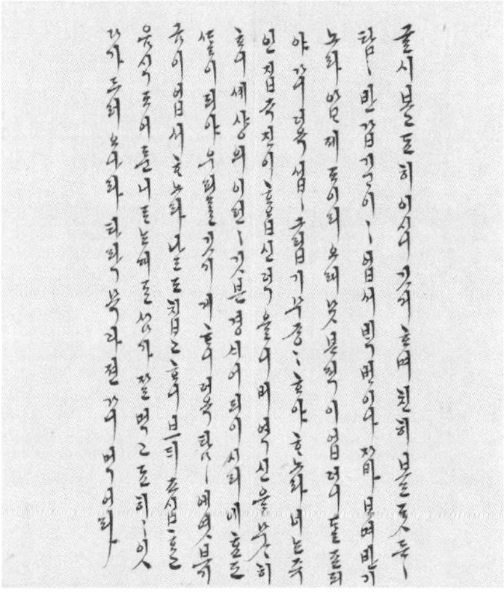

[그림22] 명성왕후 → 명안공주, 보물 제1220호, 강릉시 오죽헌·시립박물관 소장

하지만 실제 언간에서 반복 부호는 다양한 형태로 나타나고 있다. 흘려서 쓰는 언간이기 때문에 조금씩 다른 형태로 나타나는 경우도 있다. 그래서 얼핏 보면 우리가 알아보기 어려울 때도 없지 않다. 하지만 당시 사람들은 어렵지 않게 이해할 수 있었을 것으로 여겨진다. 반복 부호는 [그림21] 인선왕후 언간에서 볼 수 있듯이 모점 두 개를 모아 찍은 '〃'이 일반적이라 할 수 있다. [그림22] 현종 비 명성왕후가 딸 명안공주에게 보낸 언간에서와 같이 모점 두 개를 이어 찍은 〵모양이 사용되기도 했다.

"든〃, 탐〃, 섭〃"은 글자를 반복한 것이므로 든든, 탐탐, 섭섭이라고 읽고, "ㄱ이〃, 이런〃, 됴히〃"는 단어를 반복한 것이므로 ㄱ이 ㄱ이, 이런 이런, 됴히 됴히라고 읽는다. 이처럼 반복 부호는 바로 앞 글자를 대체하는 데서 그치지 않는다. 여러 글자를 반복해서 쓸 때 쓰이기도 한다. 반복 단위가 글자 두 개에서 몇 개에 이르는 경우도 있다.

② 구분
종이에 사연을 써 내려가다가 주제나 내용이 크게 달

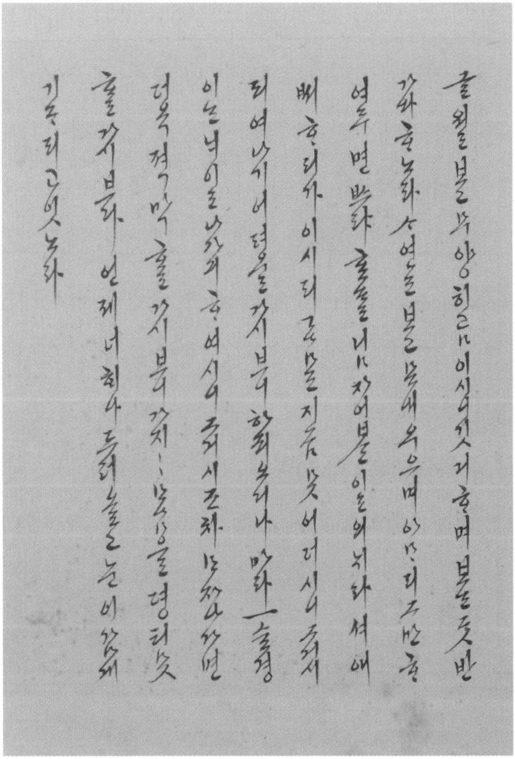

[그림23] 인선왕후 → 숙명공주, 보물 제1629호, 국립청주박물관 소장

라질 때, 혹은 전혀 다룬 주제를 말할 경우에 사용한 것
으로 추정되는 부호를 말한다. 한자 한 일자 '一' 모양
을 취하고 있다. 선線을 그었다고 해도 좋겠다. 한 행의
중간에 갑작스레 나타난다. 요즘 식으로 이해해 보면 일

종의 '문단 구분' 방식으로 일단 행을 바꾸고 들여쓰기 하는 것을 합친 정도라고 할 수 있다. 실제 언간에서는 인선왕후 언간에서만 몇 차례 쓰인 것이 특징이다.

[그림23]을 보면 ' ― '를 기준으로 앞에서는 옷감 준비에 대한 내용을 말하고 있다면, 뒷부분에서는 숙경공주(인선왕후의 딸, 숙휘공주의 동생)가 궁궐을 나간다는 내용을 말하고 있다. "옷감도 지금까지 못 얻었으니 그것이 되기 어려울까 싶으니 너무 조이지나 마라"고 한 다음, 구분 부호를 쓰고 이렇게 말하기 시작한다. "숙경이는 내일 나가게 하였으니 그것조차 나가면 더욱 적막할까 싶으니 가지가지 마음을 진정시키지 못할까 싶다."

교정 부호

앞에 나온 부호들은 고문서나 일반 판본 자료에서 용례를 찾아볼 수 있지만 지금까지 살펴본 부호 외에 다소 특별한 것도 있다. 하지만 일부 언간에서만 볼 수 있으며, 출현 빈도 역시 그렇게 많지 않다. 그 기능이 분명하지 않은 것이다. 더 많은 사례 수집과 용례 연구가 필요하다.

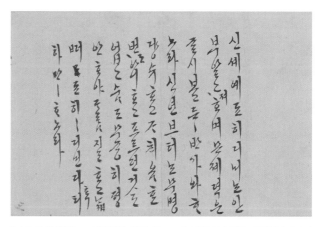

[그림24] 명성왕후 → 명안공주, 보물 제1220호, 강릉시 오죽헌·시립박물관 소장

① 삽입

글을 쓰다 보면 문득 빠트린 것이 있음을 깨닫는 순간이 있다. 쓰다가 빠트린 글자를 알아차리고 나중에 보충해 넣어야 할 때, 그 위치를 표시하기 위해서 쓰는 부호가 삽입 부호다. 붓으로 빠르게 쓰다 보면 빠트리는 경우가 많기 때문에 언간을 비롯하여 필사 자료에서는 흔하게 볼 수 있다. 그럼 어떻게 표시하는가. 대체로 끼워 넣어야 할 위치나 그 왼쪽에 고리점 또는 모점을 찍고 그 오른쪽에 끼워 넣을 글자나 구절을 적는다. 들어가야 할 글자는 그 행 오른쪽 행간行間에 작은 글씨로 써

[그림25] 순원왕후어필봉서, 규장각 소장

넣는 것이다. 들어가야 할 글자가 하나일 수도 있고 여러 글자일 수도 있다. 이 같은 대체적인 약속을 인지하고 있다면, 설령 삽입 부호가 생략된다 하더라도 오른쪽 행간에 쓴 작은 글씨는 보충해 넣은 것임을 알 수 있다.

예컨대 명성왕후 언간(그림24 참조)에서는 "알고 ᄒ며" "ᄒᆞᆫ 번 아니 ᄒᆞ고"라고 썼다가 끼워 넣을 자리의 왼쪽에 모점을 찍고 "알고"의 뒤에 "져"를 끼워 넣고 "번"의 뒤에 "도"를 끼워 넣어 각각 "알고져 ᄒ며," "한 번도 아니 ᄒᆞ고"라고 고쳤다. 그런데 "ᄃ닌다" 뒤에는 아무 기호도 사용하지 않고 그냥 오른쪽에 "ᄒ니"를 끼워 넣었다.

이 같은 기본형 외에도 독특한 삽입 부호를 사용하는 경우가 더러 있다. 예컨대 두 개의 권圈을 겹쳐 놓은 듯한 것도 있고, 선線으로 표시한 사례도 보인다. 빠트린 자리에 사선 '╲'을 가늘게 긋고 그 옆에 들어가야 할 글자를 써놓는 식이다. 삽입 부호를 제대로 인지하고 있는 사람이라면, 설령 부호가 특이하더라도 무슨 말인지 알아차릴 수 있을 것이다. 보충해 넣는 글자나 어구가 작은 글씨로 쓰여 있기 때문이다. 보충해 넣은 것으로는 글자가 대부분이지만 때로는 '〃' 같은 부호인 경우도 더러 있다.

② 삭제

편지를 쓰다 보면 이미 써놓은 것을 지워 버리고 싶을 때도 있다. 보충해 넣는 것과는 반대가 된다고 해도 좋다. 그럴 때 지워야 할 것을 나타내기 위해 쓰는 것이 삭제 부호다. 삽입 부호와 마찬가지로 언간과 필사 자료에서 자주 볼 수 있다. 전혀 어렵지 않으며, 쉽게 알아차릴 수 있다.

예를 들면 지우고 싶은 글자 자체에 점點을 찍거나 조금 길게 빗금을 쳐놓을 수 있다. 또는 원圓이나 호弧, 또는 긴 직선을 이용해서 지워야 할 글자 부분을 표시할 수 있다. [그림25] 순원왕후 언간에서 볼 수 있듯이 아예 지우고 싶은 글자를 먹으로 칠해서 까맣게 뭉개 버리는 경우도 있다. 읽을 수 없게 만든 것이다. 지워 버린 자리에 다른 글자를 넣거나 수정하고 싶을 때에는, 삽입할 때처럼 오른쪽 행간에 작은 글씨로 써넣으면 된다. 지워 버린 글자 위에 다시 덧쓰기를 할 수도 있다.

③ 환치

써 내려갔는데 보니까 글자의 위치를 바꾸어야 할 경우도 더러 있다. 뒤바뀐 순서를 바로잡을 때 사용하는 부호에 해당한다. 고문서 등 필사 자료에서 간간이 볼 수 있다. 하지만 언간 자료에서는, 황문환(2015)은 지금까지 유시정柳時定이 쓴 언간에서만 보인다고 한다. 환치 부호 형태는 점을 삐친 모습으로 나타나며, 그 삐친 방향을 통해서 글자가 옮겨가야 할 자리를 나타낸다. 글자의 위아래(상하) 위치를 바꾸는 것이 일반적이므로, 삐친 방향이 서로 마주 보는 것이 특징이다.

3 봉투와 내지

조선시대에 한글 편지를 쓰는 것, 얼핏 보면 그것은 쉬운 일인 듯하지만 생각하는 것처럼 그렇게 쉬운 것은 아니었다. 최소한의 격식을 지켜야 했기 때문이다. 순서와 대우 그리고 부호 등을 지켜가면서 편지를 썼다고 하자. 그것으로 편지 쓰기는 다 끝나는가. 그렇지 않다. 받는 사람에게 보내야 한다. 그래야 보내는 사람의 '뜻'이나 '생각'이 제대로 전달될 수 있다.

그러면 어떻게 보낼 것인가. 그냥 보낼 것인가. 아니면 봉투에 넣어야 하는가. 봉투에 넣어야 한다고 생각하는 순간, 열심히 쓴 편지는 형식적으로는 내지가 된다. 그런데 현재 전해지는 언간들의 경우, 편지 자체만 있고 봉투가 따로 없는 경우가 많다. 봉투가 없어졌을 수도

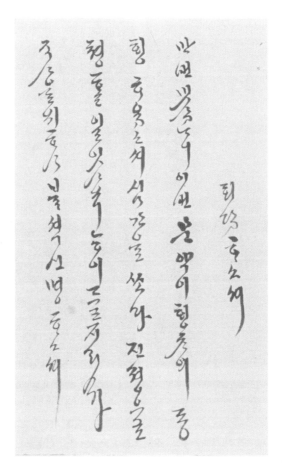

[그림26-1] 순명효황후 언간 내지, 24.5×18.2cm, 경주김씨 김면주종가소장

[그림26-2] 순명효황후 언간 피봉앞,
23.9×6.8cm

[그림26-3] 순명효황후 언간 피봉뒤,
23.9×6.8cm

있지만, 언간의 특성상 봉투 없이 오고갔을 가능성도 크다. 편지를 잘 접으면 봉투가 되기 때문이다. 편지를 봉투로 사용하는 경우는 서로 격식을 따지지 않거나, 거리가 가까울 때, 친분이 있을 때 그리고 급할 때 사용되었다고 한다. 언간에서는 친밀한 관계에 있는 사람들끼리 주고받는 경우가 많았으므로 내지가 봉투를 겸하는 방식을 많이 택했을 것으로 여겨진다.

하지만 공들여 쓴 편지를 위해서 봉투가 필요할 때도 있다. 그럴 때에는 봉투를 내지 크기에 맞추어 만들수도 있다. 내지를 일정한 간격으로 세로로 접은 후, 거기에 맞춰 봉투를 만들었다. 반드시 사연을 적은 내지와 봉투가 그렇게 비슷한 크기로 했던 것은 아니다. 내지의 절반 내지 그보다 작은 크기로 만들기도 했다. [그림26-1] 순명효황후 언간 내지와 [그림26-2]와 [그림26-3] 피봉에서 볼 수 있듯이 세로로 접은 내지를 상하가 중간이 되는 위치에서 다시 반으로 접고, 그 크기에 맞춰서 봉투를 만드는 경우가 많았다. 그렇게 되면 봉투는 세로로 긴 '장방형長方形'에서 세로 길이가 반으로 줄어든 '반半장방형'을 띠게 된다. 내지를 세로로 다시 한 번 접고, 거기에 맞춰서 봉투를 만들면 더 작은 형태가 된다.

편지 자체를 중시하고 예를 다한다는 입장에서 내지를 봉투에 넣은 다음, 다시 한 번 봉투에 넣기도 했다. 그것을 '중봉重封'이라 하는데, "먼 지방을 왕복할 경우나 특별히 상대방을 존경해야 할 경우"에 사용했다고 한다. 봉투 방식은 언간보다는 당연히 한문 간찰 쪽에서 더 많이 그리고 더 잘 지켜졌을 것이다.

이렇게 본다면 편지 자체가 봉투를 겸하는 경우('자봉自封')도 있고, 별도로 봉투를 만드는 경우('별봉別封')도 있다. 그 둘은 형식에서 봉투가 하나인 '단봉單封'이라 할 수 있으며, 그 단봉을 다시 한 번 싼 경우는 '중봉'이라 할 수 있다. 어느 쪽이 더 격식을 차리는 것인지는 굳이 말하지 않아도 되겠다. 실제로 언간에서 '중봉'을 사용한 경우는 극히 드물다. 규장각에 소장된 순원왕후의 언간에서 내지, 내지 넣는 봉투(단봉) 그리고 다시 그것을 싼 종이를 통해서 중봉의 예를 아주 드물게 볼 수 있다.

4 봉투의 구성과 격식

그러면 봉투는 과연 어떻게 구성되어 있었을까. 다시 말해서 봉투에는 어떤 사항을 적었을까. 그 핵심은 역시 누가 누구에게 보낸다는 것이리라. 흔히 한문 간찰의 경우 수신자, 발신자, 봉함封緘, 착명着名 네 부분으로 구성되었다고 한다.

종이 한 장을 가지고 봉투를 만들어 보면 마지막에 중앙을 기준으로 양끝이 겹치게 된다. 그것이 기준선이 된다. 그 중앙선을 기준으로 오른쪽에 받는 사람, 왼쪽에 보내는 사람을 적는 것이 보통이었다. 받는 사람을 높이고 보내는 자신을 낮추기 위해 받는 사람보다 낮게 적었다. 오른쪽을 우대, 다시 말해 '우존右尊'하는 것이 원칙이었다.

봉함이란 봉투를 만드는 과정에서 위쪽과 아래쪽에 각각 종이가 접히는 부분을 말한다. '봉함처處'라 한다. 거기에 특별한 글자를 쓰거나 보내는 사람의 인장을 찍기도 했다. 언간에서는 글자를 쓸 경우 '삼가 봉함'이라는 뜻으로 주로 '근봉謹封'이라 적었으며, 아랫사람에게 보낼 때는 그냥 '봉封'이라 적었다. 인장은 봉투의 윗부분 봉함처에 찍는 경우가 많았다. 그 같은 '봉함인印'은 다른 사람이 보지 못하도록 하기 위해서, 아울러 보내는 사람을 표시하는 일종의 신표信標 같은 역할을 하기도 했다.

착명着名은 봉투의 아랫단 봉함처에 이름을 적는 부분이다. 박세채朴世采(1631~1695)에 따르면, 세상에서 그 이름자의 본획本劃을 생략하거나 변화시켜 서신書信의 봉함처에 쓰는 것을 착명着名이라 한다. 이름 자에 근거해서 만드는 것임을 알 수 있다.

언제나 그리고 누구나 그런 정형화된 형식에 따랐던 것은 아니다. 역시 보내는 사람의 사정에 따라서 형태가 결정되었다고 할 수 있다. 그리고 때로는 변형된 형태가 나타날 수도 있다. 예컨대 봉함처에 주로 찍는 도장이나 착명이, 경우에 따라서는 편지 본문(내지)에 나타나기도

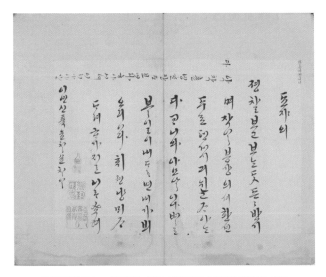

[그림27] 현종 → 숙명공주, 보물 제1947호, 국립청주박물관 소장

한다. 그것은 발신자를 드러내 주는 일종의 신표 같은
역할을 하기 때문이다.

다른 예를 든다면 선조의 언간에는 발신 일자 아래에
'大哉乾坤'이란 글귀의 네모난 도장이 찍혀 있다. 또한
현종의 언간에는 발신 일자 오른쪽 옆, 호리병 모양에
'大哉乾坤'이라 찍힌 도장 아래에 '允執厥中,' '至哉太極萬
化之源'이라는 글귀의 네모난 도장이 이어서 찍혀 있다
(그림27 참조).

5 읽기와 답신

　조선시대의 어느 날 어느 집에 편지가 한 통 날아든다고 생각해 보자. 요즘처럼 우체국을 통해서 오는 것은 아니다. 인편을 통해서 오게 마련이다. 우체부와 다를 바 없다고 해도 좋다. 보내는 사람의 지체가 높은데다 보내는 곳이 지리적으로 가깝다면, 그 집안의 하인이 직접 편지를 가져다 줄 수도 있다. 하지만 보내는 곳이 천리 만길 멀리 떨어져 있다면, 어떻게 보냈겠는가. 그 쪽으로 가는 인편에 부탁했을 것이다.

　구체적으로 누가 편지를 보냈는지, 그 편지에 담겨 있는 사연이 무엇인지는 알 수 없다. 편지마다 다 다르기 때문이다. 좋은 소식을 전하는 편지도 있고, 힘든 소식을 전하는 편지도 있을 것이다. 그래서 멀리서 소식을 전하고 안부를 묻는 편지를 받는 것은 대체로 즐거운 일이었을 것이다. 그렇다, 즐거운 편지. 예컨대 사랑하는 남편이 멀리서 보낸 편지는, 남편을 기다리는 아내에게는 그야말로 '마음의 보물' 같은 것이리라. 아마 읽고 또 읽었을 것이다. 심지어 죽을 때는 자신과 같이 묻어 달라는 부탁까지 하지 않았던가. 말 그대로 무덤까지 가지고 간 것이다. 그 반대의 경우도 있다. 사랑하는 남편이 자신을 남겨두고 먼저 세상을 떠났을 때, 자신이 하고 싶은 말을 전할 수 있는 유일한 길은 편지를 쓰는 것뿐이었다. 그래서 남편의 관 속에다 편지를 같이 넣어주기도 했다. 조선 후기 사주당師朱堂 이씨李氏의 경우 친정어머니가 보낸 편지를 자신의 광壙 안을 넣어달라고 아들 유희柳僖에게 부탁했다.

때문에 편지는 단순히 편지만은 아니다. 보내는 사람의 뜻과 생각이 담겨 있고, 사랑하는 마음이 실려 있다. 무덤에서 출토된 한글 편지, 즉 언간을 통해서 우리는 그런 애절한 사정의 일단이나마 알아차릴 수 있다. 시간과 공간을 넘어서 있는 것이다.

편지를 읽은 사람은 거듭 읽으면서 거기에 담긴 사연을 음미했을 것이다. 거기에 머물 수도 있지만, 일반적으로 생각한다면 받은 편지에 대해서 '답신'을 쓰는 것이 자연스럽다. 자신이 받은 편지에다 답신을 쓸 수도 있고, 아니면 다른 종이에 쓸 수도 있다. 어쨌거나 답신 쓰는 것 역시 '쓰기'에 해당한다. '편지 쓰기'가 다시 시작되는 것이다.

4장

언간의 세계, 그 맛보기

지금까지 조선시대의 한글 편지인 언간에 대해, 그 이름에서부터 언간의 자료와 성격, 언간 읽기와 쓰기에 이르기까지 전반적인 상황에 대해 살펴보았다. 관련 자료는 앞에서 그림으로는 보았지만 언간의 내용 자체에는 들어가지 못했다. 비유하자면 어떤 음식에 대해서 이야기는 많이 했지만 정작 그 음식의 맛을 보지는 못한 것과 같다. 아무리 많은 지식과 정보를 알고, 또 열심히 이야기한다고 해서, 그 맛을 알 수 있는 것은 아니다. 역시 직접 먹어 보아야 하는 것이다.

이 장에서는 광대한 '언간의 세계'에 직접 들어가 보고자 한다. 현실적으로 가능한 선에서, 맛보기 정도에서 멈춰 서고자 한다. 실제 언간의 내용을 살펴보면서, 거기에 담겨 있는 의미를 같이 한번 생각해 보자는 것이다. 먼저 ① 간략한 '개요'를 말하고, ② 언간의 '현대어역'을 본 다음, ③ 주목할 만한 점을 덧붙이는 방식(덧붙임)을 취하고자 한다. '개요'와 '덧붙임'은 참고용이므로 뛰어넘어도 좋다.

1 가장 오래된 언간:
신창맹씨묘 출토 언간

【개요】현재 확인된 언간 중에서 가장 오래된 시기에 작성된 것이다. 2011년 5월 대전 지역에서 발굴되었다. 전체 2건(40쪽 그림7 참조). 군관軍官 안정 나씨 나신걸이 아내 신창 맹씨에게 보낸 것이다. 대전시립박물관 소장으로 2023년 3월 보물로 지정되었다. 작성 연대는 늦어도 1490년대에 쓰인 것으로 짐작된다. 덧붙이자면 '가장 오래된 언간'에는 현재 확인된 것 중에서라는 단서가 달려 있다. 현대어역은 배영환(2012)과 이래호(2021)를 참조했다. (단락 구분은 내용에 따라 필자가 나눈 것이다. 이하 같음.)

【현대어역】

① 1490~1498년, 나신걸(남편) → 신창맹씨(아내)

회덕懷德 온양댁溫陽宅

가인家人께 상백上白

안부를 그지없이 수없이 하네. 집에 가 어머님과 아기 다 반가이 보고 가고자 하다가 장수將帥가 혼자 가시며 날 못 가게 하시니, 다녀가지 못하네. 이런 민망하고 서러운 일이 어디에 있을꼬? (내가) 군관자리에 자망自望한 후면 내 마음대로 그만두지 못하는 것일세. (장수가) 가지 말라고 하는 것을 (내가) 구태여 가면 병조兵曹에서 회덕 고을(관아)로 문서를 발송하여 조회하여 잡아다가 귀향 보낼 것이라 하니 이런 민망한 일이 어디에 있을 꼬? 아니 가려 하다가 못하여 영안도永安道(함경도)로 경성鏡城 군관이 되어 가네.

내 고도(흰 겹저고리)와 겹철릭을 보내소. 거기는 가면 가는 흰 베와 명주가 흔하고 무명이 아주 귀하니 관원이 다 무명옷을 입는다고 하네. 무명 겹철릭과 무명 단철릭을 입을까 하네. 반드시 많이 하여 설을 쇠지 말고 경성으로 구디[노비 이름] 시켜서 들여보내소. 옷을 (설) 미처 못 지을 것 같거든 가는 무명을 많이 보내소. (무명의) 두 쪽 끝에 서압署押을 하여 보내소. 무명옷이 있으면 거기인들 옷이야 못하여 입을까? 민망하여 하네. 반

드시 하여 보내소. (회덕에서 경성까지) 길이 한 달 길이
라 하네. 양식을 가볍게 여기지 말고 꼭 하여 주소. 모
자라지 아니하게 주소.

전지田地의 세납일랑 형님께 짜 주소 말씀하여 세납에
바치소. 공세貢稅는 박 충의忠義 댁에 가서 미리 말하여
두었다가 공세를 회환하소. 쌀 찧어다가 두소. 또 고을
에서 오는 제역除役 주려하고 [치뎝ᄒ여] 주어서 왔으니
가을에 덩실이에게 자세히 차려서 받아 제역을 치르라
하소.

또 녹송이야 슬기로우니 녹송이에게 물어보아 제가 곧
치르려 하거든 제역을 녹송이에게 맡아서 치르라 하소.
녹송이가 제가 곧 치르거든 고을에 가서 돌아다녀 보
라 하소. 쉬빛(禾色, 곡식 수납 관리)에게 소것 많이 달라
하여 청하라 하소. 편지 읽고 자세히 즉시 다 시행하소.
빨리 보내소.

② 1490~1498년, 나신걸(남편) → 신창맹씨(아내)
또 전지는 다 어우리를 주고 농사일은 하지 마소. 또 내
오래된 철릭을 보내소. 안옷으로 입세. 또 보논[洑沓]에
모래가 들어온 데 가래질하여 어우리를 주고 절대로 종

의 말을 듣고 농사일을 하지 마소. 또 내 헌 간사 철릭을 긔새에게 주소. 긔새에게 줄 옷을 복경이에게 입혀서 보내네. 또 가래질 할 때 긔새를 보아서 도옥 역할 하라 하소. 논 가래질 다 하고 수원이는 놓아 주고 부리지 마소. 구디에게 이르소. 영동永東에 가서 아뢰어 우리 논 있는 곁에서 경성鏡城 군관이 다음 달 열흘쯤에 들어올 것이니 거기에 가서 알아서 함께 내 옷 가지고 들어오라 하소. 또 모르니 영동에 가서 물어 그 군관에게 함께 들어오라 하소. 그 군관은 이름이 이현종이라 하는 사람이오. 또 내 삼베 철릭과 모시 철릭과 성한 것으로 가리어다 보내소. 또 분粉하고 바늘 여섯 개를 사서 보내네.

집에 못 다녀가니 이런 민망한 일이 어디 있을꼬. 울고 가네. 어머님과 아기 뫼시고 다들 좋이 계시오. (나는) 내년 가을에 나오고자 하네. 또 다랑이와 순만이가 짓는 논에 씨 열여섯 말, 이필손의 논에 씨 일곱 말, 손장명의 논에 씨 닷 말, 소관이 짓는 논에 씨 닷 말, 이문 짓는 논에 씨 여덟 말, 종도리 짓는 논에 씨 여덟 말, 진고래 논에 씨 열 말. 또 두말구레 밭에 피씨 너 말, 뭇구레에 피씨 너 말, 삼밭에 피씨 한 말, 아랫밭에 피씨 한 말 닷 되, □가 짓는 밭에 피씨 서 말, 어성개 밑밭에 피씨

서 말, 허옴동이 어우리하던 보논에 씨 서 말, ☐☐☐☐
무명 반 필과 쌀 넉 되, 정조 나락 석 되, 정미 쌀 한 되,
윗중살이에 쓸 양식 닷 되, 콩 닷 되.

【덧붙임】이 언간의 작성 연대가 '늦어도 1490년대'라
는 것은, 신창맹씨의 남편 나신걸의 생몰년(1461~1524)
과 편지에 나오는 '영안도'라는 지명 등을 감안해서
짐작한 것이다. 배영환(2012)에 따르면 『연산군일기』
1498년(연산군 4) 4월 4일 기사에 "영안도를 고쳐서 함
경도라 칭하였다"는 기록이 보이므로 1498년 이전에
쓰인 편지라고 볼 수 있다. 1446년(세종 28) 훈민정음이
반포된 지 50여 년이 지나 이미 상당히 정제된 한글 편
지가 쓰였다는 것, 더구나 한양에서 멀리 떨어진 변방
지역에 거주하는 남성이 자신의 아내에게 썼다는 것은
한글이 백성 사이에 널리 보급되어 있었다는 것을 말
해 준다. 「신창맹씨묘 출토 언간」이 알려지기 전까지는
「순천김씨묘 출토 언간」이 가장 이른 시기의 것으로 알
려졌다.

2 왕의 언간

조선시대 왕은 일반적인 문서에서는 당연히 한문을 사용했다. 하지만 그에게도 사적인 영역과 사생활은 있었다. 왕이 여성에게 보내는 편지글일 경우, 한글로 쓰지 않으면 안 되었다. 여성들의 경우 대체로 한문을 익히지 않았기 때문이다. 따라서 한글로 쓰지 않으면 받는 사람이 읽을 수 없었다. 실록에 따르면, 왕실에서도 일찍부터 언간을 주고받았다는 기록이 전한다.

하지만 한글로 쓴 편지는 일반 사대부가에 비하면 훨씬 적은 편이다. 편차는 있지만 왕은 왕실의 웃어른 대비, 시집간 공주 그리고 개인적으로 관심을 가진 조카딸이나 숙모 등에게 한글 편지를 쓰고는 했다. 현대어역은 배영환(2021)을 참조했다.

선조

【개요】제14대 왕 선조가 남긴 한글 편지 21건이 전해지는 왕의 한글 편지 중에 시기적으로 가장 빠르다. 21건은 왕이 남긴 한글 편지 중에서는 선조의 한글 편지가 최초인 셈이다. 그는 두 명의 왕후, 6명의 후궁, 14남 11녀를 두었다. 전란을 겪었을 뿐만 아니라 가족이 많았기 때문에 편지를 쓰는 일 역시 많았을 법하다.

【현대어역】

① 1603년, 선조(아버지) → 정숙옹주(딸)

글월 보고 (몸에) 돋은 것은 그 방이 어둡고 날도 음습하니 햇빛이 돌아지거든 내 친히 보고 자세히 기별하마. 대강 약을 쓸 일이 있어도 의관과 의녀를 들여 대령하려 한다. 그러니 걱정하지 마라. 자연히 낫지 않으랴.

② 1603년, 선조(아버지) → 정숙옹주(딸)

진 나는 것을 허준에게 물으니 많은 중에 간혹 그러하니 없습니까 하고 오직 여러 날 대변을 못하니 열

이 없지 아니할 것이니 약을 하여 빠르게 통하게 하
라 한다. 이제는 기운이 어떠한가.

③ 1603년, 선조(아버지) → 정숙옹주(딸)

옹주를 내가 날마다 가보고 허준이와 (옹주의 상태를)
의논하는데, 내가 보기에는 아무래도 (낫는 것이) 의
심 없으니 걱정 마라. 참의에게 너무 걱정한다고 하
니 매우 웃는다. 며느리를 그리 중하게 여기니 고마
울 뿐이다. 누런 기미 들었고 돋은 부위도 모두 돋았
지만 착란치 아니하였으므로 다만, 나이 많은 까닭
으로 열이 나서 지내었느니.

【덧붙임】편지 ①~③은 선조가 정숙옹주貞淑翁主
(1587~1627)에게 보낸 것이다. 어머니는 후궁 인빈 김씨
(1555~1613). 선조의 편지 21건 중에서 정숙옹주에게 보
낸 것이 16건에 이른다. 선조가 정숙옹주를 무척이나
아꼈음을 알 수 있다. 국난을 치르는 왕이었지만, 인간
적으로는 딸을 사랑하는 아버지이기도 했다. 병을 앓고
있는 딸을 위해서 그 시대의 명의 허준에게 문의하고
또 처방을 받는 아버지의 자상함을 엿볼 수 있다.

효종

|

【개요】제17대 왕 효종 역시 정묘호란(1627)과 병자호란(1636)이라는 전쟁을 겪었다. 그는 봉림대군鳳林大君으로 형 소현세자昭顯世子와 더불어 청나라에 볼모로 잡혀가 8년 동안 체류해야 했다. 귀국 후 소현세자의 갑작스런 죽음과 더불어 세자가 되었으며, 인조가 승하하자 왕위에 올랐다. 묘호廟號 효종孝宗이 시사해 주듯이, 그는 가족에 대한 사랑과 애정이 남달랐던 듯하다. 그는 인선왕후와의 사이에 1남 6녀를 두었다. 한글 편지는 현재 13건이 전해지고 있는데, 2건은 장모 안동 김씨에게, 9건은 딸 숙명공주에게, 2건은 숙휘공주에게 쓴 것이다.

【현대어역】

① 1641년, 효종(사위) → 안동김씨(장모)

새해에 기운이나 평안하신가 하며 사신 행차 들어올 때 적으신 편지 보고 친히 뵙는 듯 무엇이라 할 바 없으며 청음淸陰(김상헌)은 저렇게 늙으신네가 들어와 고생하니 그런 일이 없습니다. 행차 바쁘고 하여 잠시 적습니다. 신사년 정월 초8일 호.

② 1642~1659년, 효종(아버지) → 숙휘공주(딸)

너희는 셋이 마치 똑같은 말로 글월을 적었으니 매
우 정성 없으니 후에 또 이렇게 하면 아니 받을 것이
니 (그리) 알아라.

③ 1652~1659년, 효종(아버지) → 숙명공주(딸)

너는 어찌하여 이번에 들어오지 않았느냐? 어제 너
의 언니[숙안공주]는 몸에 찰 노리개 같은 것을 숙휘
[숙명공주의 동생]까지 많이 가졌는데 네 몫은 없다.
너는 그동안만 해도 너무 궂은 일이 많으니 내 마음
이 아파서 적는다. 네 몫의 것일랑 어떤 악을 쓰더라
도 부디 다 찾아라.

【덧붙임】편지 ①은 장모, 즉 인선왕후의 어머니이자
신풍부원군 장유張維(1587~1638)의 부인 안동김씨에게
보낸 것이다. 새해 인사와 더불어 심양에 끌려와 있는
청음 김상헌金尙憲의 안부를 간략하게 전한다. 김상헌은
장모에게 삼촌이 되기 때문이다. 편지 ②는 형식적으로

는 숙휘공주에게 보낸 것이지만, 내용으로 보면 시집간 세 딸에게 같이 보낸 것이다. 딸 셋이 보낸 편지 내용이 똑같다는 것을 나무라고 있다. 편지 ③은 딸 중에서 욕심이 없었던 숙명공주에게 보낸 편지로, 자기 몫은 악을 쓰더라도 챙겨야 한다는 아버지의 사랑과 더불어 나름의 조언을 해 주고 있다.

정조

【개요】제22대 왕 정조는 사도세자의 아들로 학문을 좋아해 문치文治를 크게 일으킨 왕으로 널리 알려져 있다. 영특했던 그는 어릴 때부터 한글 편지를 썼으며, 왕위에 오른 후에도 한글 편지를 쓰고는 했다. 현재 혜경궁 홍씨의 친오빠 홍낙인의 부인으로 외숙모가 되는 여흥 민씨에게 보낸 14건, 여동생 청선공주의 딸이자 생질녀인 민치성의 아내에게 보낸 편지가 4건, 합해서 18건이 전해진다. 정조는 안대회(2010)에 따르면 신하 심환지에게 4년간에 걸쳐서 비밀 편지 297통을 보냈으며, 그 편지들을 없애라고 하기도 했다. 하지만 비밀리에 전해

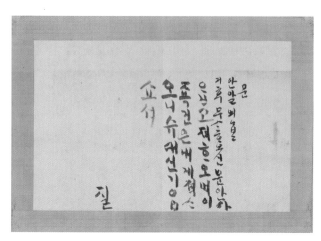

[그림28] 정조 → 여흥민씨, 국립한글박물관 소장

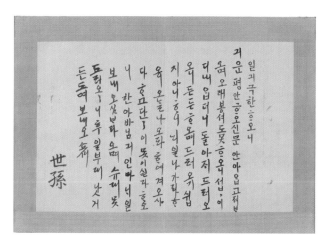

[그림29] 정조 → 여흥민씨, 국립한글박물관 소장

졌으며 몇 백 년이 지난 후에 공개되기에 이르렀다.

【현대어역】

① 정조(조카) → 여흥민씨(외숙모)

문안 아뢰고 기후 무사하신 지 문안을 알고자 합니다. 이 족건足巾(버선)은 저에게 작사오니 수대를 신기옵소서. 조카

② 1760년경, 정조(조카) → 여흥민씨(외숙모)

날씨가 매우 추우니 기운 평안하신 문안 알고자 바라오며 오래 봉서도 못하니 섭섭하게 지냈는데 돌아재 들어오니 든든하며 들어오기 쉽지 아니하니 내일 나가려 하니 오늘 나오라 하셨다 하고 꼭 못 있겠다고 하니 할아버님께 인마 내일 보내오시기를 바라오며 쉬 못 들어오니 후일 부디 (사정이) 낫거든 돌려보내십시오. 세손

③ 1795년, 정조(조카) → 여흥민씨(외숙모)

(봉투) 국동에 즉시 바침

요사이 몹시 더운데 기후 평안하신지 문안 알고자

합니다. 어머님 환갑 생신을 하루 앞두고 있으니 제 심정의 경축하고 기쁘고 다행함을 어찌 다 적겠습니까? 날씨가 매우 덥사오니 들어와 기운을 잃으실 듯하여 삼제參劑 다섯 첩을 보내오니 들어오시기 전에 잡수시고 들어오셨으면 합니다.

④ 정조(외삼촌) → 민치성 부인(생질녀)
잘 있느냐? 이것 보내니 보아라. (자주) 보다가 (본 지) 점점 오래 되니 섭섭하다. 향 하나 바늘 한 봉 가위 하나 (보낸다).

【덧붙임】편지 ①은 외숙모 여흥민씨에게 보낸 것으로, 정조의 한글 편지 중에서 가장 빠른 시기의 것으로 여겨진다(그림28 참조). 글씨가 일정하지 않으며, 특히 뒷부분은 글씨가 굵다. 또한 셋째 줄 '문안'은 이행법을 적용해 행을 달리해야 하는데 그러지 않았다. 격식과 존대를 제대로 배우지 않았으며, 한글만 깨친 어린아이였음을 알 수 있다. 그럼에도 자신의 버선이 작다고 외사촌 동생 '슈대'에게 신기라고 했다. 편지 ②는 정조가 세손 시절, 9~10세 무렵 쓴 것으로 여겨지는데, 역시 외사

[그림30] 『원행을묘정리의궤』 봉수당진찬도, 규장각소장

촌 '슈대'가 나온다. 병이 나으면 꼭 들여 보내달라는 이
야기를 하고 있다. 돌아재와 같이 보낸 시간이 짧았음을
아쉬워하기도 한다. 마지막에 한자로 "世孫"이라 적은
것이 눈길을 끈다. 편지 ③은 정조의 어머니 혜경궁홍씨
의 환갑을 하루 앞둔 날 써서 보낸 것이다. [그림30]에
서 혜경궁홍씨의 회갑연(1795년 윤2월) 모습을 볼 수 있
다. 화성행궁華城行宮에서 8일 동안 잔치를 벌였다. 어머
니의 환갑에 대한 기쁨과 감격을 드러내면서, 외숙모에
게 인삼이 든 약을 보내니 드시고 들어오라고 한다. 한

편 편지 ④는 여동생 청선공주의 딸이자 생질녀인 민치
성의 아내에게 향, 바늘과 가위를 보내면서 쓴 편지다.
짧지만 애정이 담겨 있음을 알 수 있다.

3 흥선대원군의 언간

【개요】대원군은 왕위를 계승할 적자손이나 형제가
없어 종친 중에서 왕위를 잇게 되었을 때 새 국왕의 생
부에게 봉하던 작위다. 하지만 대원군 하면 흔히 고종의
생부 흥선대원군興宣大院君 이하응李昰應(1820~1898)을 떠
올린다. 그는 '살아 있는' 대원군으로서도 특이했다. 그
는 한국 근대정치사에서 빼놓을 수 없는 인물이다. 시와
한문에 능숙했던 그도 한글 편지 4건을 남겼다. 여러 측
면에서 귀중한 자료라 할 수 있다. 작성 시기와 현대어역
은 이종덕·황문환(2012), 황문환 외(2013)를 참조했다.

【현대어역】

① 1882년, 이하응-(시아버지) → 명성황후-(며느리)

전殿 마누라전前

그간 망극지사罔極之事를 어찌 만 리 밖에서 눈앞의 짧
은 편지로 말하오리까? 마누라께서는 하늘이 도우시
어 환위還位를 하셨거니와 나야 어찌 생환生還하기를
바라오리까? 날이 오래되니 옥도玉度가 빛나시고 태
평하시고 상후上候 제절諸節과 자전慈殿 문안 태평하시
고 동궁東宮 마마 내외가 안순安順하기를 축수합니다.
나는 다시 생환生還은 못하고 만 리 밖 고혼孤魂이 되
오니 우리 집안 후사後事야 양전兩殿에서 어련히 보아
주시지 않겠습니까? 다시 뵙지도 못하고 이승에서의
내 목숨이 오래가지 못하겠으니 지필紙筆을 마주하니
한심스럽습니다. 내내 태평히 지내시기를 바랍니다.
보정부保定府 안치按治 죄罪 이李 상장上狀. 10월 12일

② 1883년, 이하응(아버지) → 이재면(아들)

심문지審問紙에 경평이는 내 편이오 영익이는 다른 편
으로 말하고 영익이가 머리가 빠졌다고 하면서 한편
으로 기별하여 원수를 갚는다 하였으니 웃는다. 사신
을 또 보내야 하지 아니 보내면 상감이 불효지명을
면하지 못할 것이니 부디 주선하되 만일 너한테 들어

가라 하면 이것은 속임수이니 행여라도 속지 말아라.

③ 1885년, 이하응(아버지) → 이재면(아들)

나 나가고 못 나가기는 한 양반의 금심에 달렸으니 속이는 놈이 천번 만번 죽일 놈이지 한 양반이야 어찌 알겠느냐? 이 다음에는 사신과 역원을 가려 보내거라. 기삼이도 모르고 공연이 애만 쓰는가 보다. 거의 나가게 되어 십팔일은 좋은 소식이 있겠다 하였더니 하루 내로 결단이 났다. 비할 데 없는 내 팔자니 누구를 한하느냐? 이곳 조사들이 대단하게 말하고 지금은 천진 사람들이 다 안다. 지금은 말 못한다. 가만히 있고 조심만 하여라.

【덧붙임】편지 ①은 흥선대원군이 민비(훗날의 명성황후)에게 보낸 것이다. 첫머리의 '마노라'라는 단어 때문에 대원군이 자신의 부인에게 보내는 것으로 오해하기 쉽다. 하지만 이종덕·황문환(2014)에 따르면 마노라는 왕실의 어른 왕비를 가리키는 말이다. 사적으로는 시아버지와 며느리 관계이지만, 당시 정계 구도에서는 한 치 양보도 없는 정적政敵이기도 했다. 임오군란 이후 청나

라에 압송됨 대원군이 3년간 톈진에 유배되어 있을 당시 보낸 편지라 할 수 있다. 편지 ②와 ③은 대원군이 아들 이재면李載冕에게 보낸 것이다. 이재면은 흥선대원군과 여흥 민씨 사이의 장남으로 고종의 형이다. 왕실 남성 가운데 발신자와 수신자가 모두 남성이라는 점에서도 주목할 만하다. 의도적으로 한글을 사용한 듯한데, 이는 보안을 위해 일부러 그렇게 한 것으로 여겨진다. 먼 곳 타국에 유폐되어 있는 자신을 구해 달라는 내용 그리고 정치판도에서 모쪼록 조심하라고 경계하라는 뜻을 전하고 있다.

4 왕비의 언간

　왕비는 왕실 여성을 대표하는 존재다. 왕비는 가례嘉禮를 치르고 종묘의 조상에 고했으며, 중국 황제의 고명告命을 받았다. 그래서 국모國母로서의 위상을 누렸으며, 사후에는 종묘와 왕릉에 모셔졌다. 한시적으로 수렴청정垂簾聽政을 하기도 했다. 여성의 정치 참여나 사회 활동이 제한되어 있던 조선 사회에서 왕후가 잠시나마 왕권을 대신한다는 것은 중요한 의미를 갖는다. 왕비는 상당한 양에 이르는 한글 편지, 즉 언간을 남기고 있다. 왕들의 언간보다 훨씬 많다. 현대어역은 이남희(2021), 이종덕·황문환(2011), 장요한(2019)을 참조했다.

효종 비 인선왕후

【개요】 인선왕후仁宣王后(1619~1674)는 제17대 왕 효종의 비다. 인선왕후와 효종 사이에는 1남 6녀가 있다. 인선왕후 언간은 전체 70건에 이른다. 숙명공주 53건(『숙명신한첩』), 숙휘공주 16건(『숙휘신한첩』), 오빠 장선징張善徵 1건(『효종대왕재심양신한첩孝宗大王在瀋陽宸翰帖』)이 전해진다. 여기서는 딸 숙휘와 숙명공주에게 보낸 4건을 보기로 한다.

【현대어역】

① 1653~1658년, 인선왕후(어머니) → 숙휘공주(딸)

글월 보고 무사히 있으니 기뻐하며 보는 듯 든든하고 반갑노라. 사연辭緣도 보고 웃으며 시모媤母에게 저리 사랑을 바치거든 우리를 더욱 생각할까 싶으냐. 부마駙馬도 들어왔으니 든든하다.

② 1653~1658년, 인선왕후(어머니) → 숙휘공주(딸)

글월 보고, 무사히 잔 안부 알고 기뻐하며, 보는 듯 든든히 여기며 반가워하노라. 너를 큰 사람으로만

여겨 한 시만 없어도 섭섭하여 부르짖다가 어제는
마지못할 것이라 내어 보내나 정에 매우 섭섭하고
마음이 언짢으니 무엇을 잃은 듯 밤새껏 일컬었으
며, 서쪽의 곳곳이 다 빈 듯 호젓하고 섭섭함을 어이
다 적으리. 너야 옥동자 같은 부마를 곁에 앉히고 할
머님이야 어머님이야 앞에 벌여 앉았으니 우리를 꿈
에나 생각하겠느냐.

③ 1662년, 인선왕후(어머니) → 숙휘공주(딸)

글월 보고 무사히들 있으니 기뻐하며 보는 듯 반기
나 사연을 보니 더욱 속이 탄다. 마음이 서럽기 한이
있을 것이 아니거니와 그리 매양 생각하여 어찌하
리? 떨쳐 마음을 모질게 먹고 지내어라. 채식들을 그
저 한다 하니 이전에도 오래 채식만을 하여서 이제
까지 그저 채식을 하니 □□가(몸 축나는 것이) 오죽하
냐? 어찌 그리 셈이 없느냐. 오늘부터 고기를 부지런
히 먹어라.

④ 1664년, 인선왕후(어머니) → 숙휘공주(딸)

편지 보고 무사하니 기뻐하며 보는 듯 든든하고 반

긴다. 숙경이는 나가니 그것을 두고 소일도 하고 걱
정도 하며 날을 지냈는데, 마저 내보내니 경사慶事로
나가건마는 섭섭하고 호젓하고 짠하기를 어디 다 적
으리. 이리 섭섭하고 짠하나 마음을 모질게 먹어 웃
고 내보냈다. 옛날 너희가 다 모이던 일이 생각나서
섭섭하되 너는 얼마 지나면 탈상脫喪을 할 것 아니거
니와 숙휘를 생각하고 아침까지 마음이 짠하여 울고
있다. 오늘 생일이니, 불쌍하구나, 생일이면 세 살 먹
은 것같이 좋아하던 일을 생각하고 갖가지 마음이
짠하여 한다.

【덧붙임】편지 ①과 ②는 인선왕후가 숙휘공주에게
보낸 것이고, ③과 ④는 숙명공주에게 보낸 것이다.
①과 ②는 숙휘공주가 혼인한 직후, 그러니까 행복했던
시절에 보낸 것이다. "시모에게 저리 사랑을 바치거든
우리를 더욱 생각할까 싶으냐", "너야 옥동자 같은 부마
를 곁에 앉히고 할머님이야 어머님이야 앞에 벌여 앉았
으니 우리를 꿈에나 생각하겠느냐"라면서 친근하게 놀
리는 듯한 느낌을 준다. 하지만 부마 정제현이 1662년
(현종 3) 젊은 나이에 사망한 것은 큰 충격이었다. 그런

숙휘를 생각하면 마음이 짠하고 눈물이 난다는 것, 오늘이 생일인데 어릴 때 생일이라 좋아하던 일이 생각난다고 언니 숙명에게 털어놓고 있다(편지 ④). 한편 편지 ③에서는 시부상을 당해서 한동안 채식만 해야 했던 딸과 사위에게 이제부터라도 고기를 많이 먹으라고 적극 권유하는 어머니의 마음을 읽을 수 있다.

현종 비 명성왕후

【개요】명성왕후는 현종의 비로, 현종과의 사이에 1남 3녀를 두었다. 숙종과 명선·명혜·명안공주가 그들이다. 명선과 명혜 공주가 일찍 죽었기 때문에 명안공주는 현종과 명성왕후의 사랑을 듬뿍 받았다. 명성왕후는 왕실 안팎에 강한 영향력을 행사한 것으로 평가받고 있다. 명성왕후의 언간은 현재 7건이 전하며, 그중 4건은 명안공주의 부마 오태주 집안에서 전해졌다. 이 편지는 현재 강릉시 오죽헌·시립박물관에서 소장하고 있다. 1건은 송시열에게 보낸 것으로, 현재 송시열 종손가에 효종의 밀서密書와 함께 보관되어 있다. 나머지 2건은

『숙명신한첩』(국립청주박물관 소장)에 수록되어 있다.

【현대어역】

① 1671~1674년, 명성왕후(어머니) → 명안공주(딸)

글씨 보고 잘 있으니 기쁘며 친히 보는 듯 든든하고 탐탁하며 반갑기 끝이 없어 백번이나 잡아 보며 반가워한다. 어느 때도 이리 오래 못 본 적이 없었는데 한 달이 넘어 가니 더욱 섭섭하고 그립기 끝이 없어 한다. 너는 주인집이 극진하게 하는 덕을 입어 천연두를 무사히 하니 세상에 이런 기쁜 경사가 어디 있겠느냐? 네가 효도하는 딸이 되어 우리를 기쁘게 하니 더욱 탐탐하고 어여쁘기 한이 없다. 날도 춥고 하니 부디 조심하고 음식도 어른들 이르는 대로 삼가 잘 먹고 잘 있다가 들어오너라. 타락병駝酪餅과 전煎 가니 먹어라.

② 1680년, 명성왕후 → 송시열

선조를 예우하시던 원로대신으로 육칠 년을 멀리 가 간관諫官의 만사지여에 다시 들어오셔서 연석에 들어가시니 그 비감함을 어이 다 이르겠습니까. 듣자

오니 빨리 돌아가려 하신다 하오니 주상도 간절하여 (송시열이) 머무르셨으면 하시거니와 지금 천변이 공극하고 구가가 위의하고 민생이 원기가 많은데 내전에 상사조차 나시니 주상도 젊으신 사람이 만기萬機를 당하여 힘들어하시는 모습이 민망하오니, 이때 경卿 같은 유종儒宗 중망重望으로 여러 조정의 은혜를 입어 계시니 어찌 떨치고 가시겠습니까? 서울 집이 겨울에 썰렁하겠지만 부디 성내에 들어와 머무르소서. 미망인이 조가朝家에 참여하는 일이 없는데, 영부사가 지금 들어오지 아니하시니 주상이 기다리지 못하여 하시므로 김석연을 시켜 전유傳諭하라 합니다.

경신년 12월 22일 오시午時. 전유傳諭

【덧붙임】편지 ①은 새해를 맞이해 명안공주가 보내온 언간에 답신한 것이다. 명안공주가 천연두를 무사히 넘겼음을 알 수 있다. 또한 특이하게 새해를 맞이하면서 바라는 내용을 기정사실화하여 말하고 있다. 지금도 신년 덕담에서 흔히 쓰이는 독특한 화법을 구사하고 있다. 편지 ②는 경신환국이 있던 해(1680) 12월, 요양차 서쪽 교외에 가 있던 송시열에게 보낸 것이다. 그에

게 도움을 청하면서 조정으로 불러들이고자 한 것이다.
이 편지는 당시 정국 상황과 긴밀하게 연결되어 있다.
명성왕후는 숙종에게 자신의 사촌 동생 김석주 등 외척
을 중용하도록 했으며, 동시에 왕의 적극적인 지지 세
력으로 외척과 송시열계 서인들의 정치적 연합을 구상
했다. 그래서 송시열을 조정으로 불러들이고자 했다. 명
성왕후는 송시열에 대해서 '유학자의 종주'라 칭했으며,
송시열은 명성왕후를 가리켜 여인 중의 요, 순 임금이라
화답했다. 그 같은 정치적 연대는 숙종의 정치적 입지를
다지는 데 크게 기여했다.

영조 비 정순왕후

【개요】 정순왕후 김씨는 제21대 왕 영조의 계비다.
1759년 간택되었는데, 당시 66세의 영조와 15세의 어
린 왕비의 혼인이었다. 아들과 며느리(사도세자와 혜경궁
홍씨)보다 10살이나 어렸다. 정조가 왕위에 올랐을 때
정순왕후는 30대 초반이었다. 정조와 정순왕후는 대척
적인 자리에 있었다. 정조의 죽음 이후, 순조가 어린 나

이에 즉위하자, 그녀는 대왕대비로 승격, 4년 동안 수렴
청정을 했다. 스스로 여군女君, 여주女主라 칭하기도 했
다. 현재 전해지는 정순왕후 언간은 16건에 이른다. 그
중 13건은 둘째 조카 김노서와 주고받은 것으로, 조카
가 보낸 편지 여백에 정순왕후가 답을 써 보낸 형식으
로 되어 있다. 보낸 언간과 그에 대한 답신을 같이 볼 수
있다는 점에서 왕비 언간 중에서도 두드러진다.

【현대어역】

① 1802~1804년, 정순왕후(고모) → 김노서(조카)

눈뜬이라는 놈이 일할 제 턱에 십자를 쓴다 하니,
그런 것은 사학邪學에서 십자를 쓴다 하니 그러한가
싶다.

② 1797년, 정순왕후(고모) → 김노서(조카)

야간夜間 안부 알고자 하며, 오늘 백일百日 되니 문호
門戶가 창대昌大할 복록福祿 대귀인大貴人이 났으니 수
명이 매우 장수하고 오복五福이 완전하기 축수하며
기원하고 신기하고 즐겁다. 수명장壽命長 복록창福祿昌
주머니 보내니, 백일 아들 덕담하고 송백松柏처럼 무

궁하기를 축원하고 주머니 보낸다. 잠도 잘 자고 세수하였느냐. 안부 자세히 알고자 한다. 이 실은 도로 챙겼다가 구레에 쓰도록 하여라.

③ 1802~1804년, 정순왕후(고모) → 김노서(조카)

오늘은 수명장수壽命長壽하고 만복이 두루 갖추어지는 생일이니 그득히 귀하고 든든하다. 아이는 천연두를 순하게 치르고 오늘 완전히 딱지가 떨어지니 집안의 큰 경사니 만만萬萬 경사롭고 다행함이 그지없으니, 오늘 좋은 날 오죽 즐거워하며 지내랴. 두루 다행하기 무궁하도다. 벼루를 달라 하던 것이니 나 쓰던 벼루를 붓과 먹하고 비워서 오늘 귀한 날이요, 경사라 상賞으로 보내니 써라. 벼루가 좋기가 먹도 마르지 아니하고 극히 좋다. 아이 상은 가지고 놀게 윷판 보낸다. 유난목 한 필 보낸다. 주머니 하나 보낸다. 아이가 잘 잤느냐. 오늘은 복 있는 날이기에 벼루집이 남기로 내보낸다. 타락駝酪 보내니 먹어라.

【덧붙임】편지 ①은 짧은 내용이지만 눈뜬이, 십자, 사학邪學이란 말을 보면 천주학과 관련된 것임을 알 수

있다. 편지 ②는 김노서의 아들 김후재(1797~1850)의 백일을 축하한다는 내용이다. 수명장 복록창이란 글자를 새긴 주머니, 장수를 염원하는 실타래를 보냈음을 알 수 있다. 김후재는 나중에 백부 김노충(1766~1805)의 양자로 들어가게 된다. 편지 ③은 조카의 아들, 김후재의 생일에 맞추어 보낸 것이다. 천연두를 순하게 치르고 다 나아서 기쁘다는 것, 조카에게는 자신이 쓰던 벼루와 붓과 먹을 보내고, 아이에게는 상으로 윷판을 보낸다는 것, 그 외에 여러 물품을 보낸다는 얘기를 적고 있다.

5 궁녀의 언간

궁녀는 궁중에서 생활하면서 왕실을 보위하는 여인들이다. 궁녀는 '궁중여관宮中女官'의 별칭으로 궁중에 머물면서 일정한 지위와 봉급을 받는 왕조 시대의 여성 궁중 직원인 셈이다.『경국대전』권1. 이전 내명부 참조 언간과 관련해서는 고위직에 속하는 상궁들의 역할이 중요했다. 대표적인 예로 글씨를 잘 쓰는 '서사 상궁'을 들 수 있다. 그들은 왕후나 대비를 대신해서 쓰기도 했지만(대필), 스스로 편지를 쓰는 경우도 있었다. 신정왕후 조씨의 상궁 서기 이씨, 최장희상궁, 천일청상궁, 현상궁 그리고 명성황후의 편지를 대필한 하상궁, 서희훈상궁, 수춘당 신상궁 등이 알려져 있다.

【개요】상궁이 쓴 언간 중에는 하상궁이 1886년(고종 23) 4월 28일 러시아(아라사) 공사 부인에게 보낸 편지가 전해진다. 상궁이 러시아 공사 부인에게 직접 보낸 한글 편지라는 점에서 눈길을 끈다. 그 뒤에는 물론 민비(명성황후)가 있었다. 그녀의 편지를 대필한 것으로 볼 수도 있다. 하지만 분명하게 자신을 '일등상궁 하'라고 밝히고 있다. 편지 쓴 날짜도 '대조선국 개국 사백구십오년 사월 이십팔일'이라 밝히고 있다. 현대어역은 박정숙(2017)을 참조했다.

【현대어역】

(봉투) 아라사 부인전 상장

밤새 기운 평안하신 일 알고자 하오며 아가도 잘 잤는 가요? 오늘 폐현陛見하실까 하였더니 우세雨勢 이러하오니 명일이라도 일기 청명하거든 폐현하시게 하옵소서. 대조선국 개국 사백구십오년 사월 이십팔일 일등 상궁 하

【덧붙임】편지 내용은 부인과 아이의 안부를 물은 다음, 오늘은 비가 와서 그렇지만 내일이라도 날씨가 좋으

면 폐현, 황제나 황후를 만나 뵈었으면 좋겠다는 것이다. 하지만 이 편지는 지극히 상징적이다. 그 무렵 고종과 민비는 일본과 청나라를 견제하기 위해서 조러조약을 맺고 러시아에서 새로운 돌파구를 찾으려고 했기 때문이다. 러시아 공사 카를 베베르Karl Ivanovich Veber는 궁궐과 긴밀하게 연락하고 있었던 듯하다. 대원군을 납치해 갔던 청나라가 민비를 견제하기 위해 대원군을 귀국시키려 하자, 민비는 베베르에게 대원군의 귀국을 저지해 달라는 부탁을 하기도 했다. 1895년(고종 32) 민비가 일본에 의해서 시해되자(을미사변) 신변에 위협을 느낀 고종은 러시아대사관으로 피신하게 된다. 이른바 아관파천俄館播遷이다. 궁중과 베베르의 긴밀했던 관계가 있었기 때문에 가능했을 것이다.

6 사대부가의 언간

조선시대 지배계층으로서의 양반 내지 사대부들은 체제 이데올로기로서의 성리학과 한문에 밝다는 특성을 지니고 있었다. 하지만 가족 구성원들이 다 한문을 구사할 수는 없었다. 여성들에게까지 기대할 수는 없었다. 할머니, 어머니, 아내, 딸과 머느리, 조카 등 여성에 대해서는, 소통을 위해서라도 한글을 쓰지 않을 수 없었다. 한 통의 편지에 한문과 한글을 같이 쓰기도 했는데, 한글은 여성을 위해 쓴 것이었다. 앞에서 본 나신걸의 언간 역시 사대부 가문의 그것이라 할 수 있다.

신천강씨가 딸 순천김씨에게
-『순천김씨묘 출토 언간』

【개요】 1977년 충청북도 청원군에서 채무이의 후처 순천김씨묘를 이장하는 과정에서 일련의 문서가 출토되었다. 전체 192건의 문서가 나왔는데, 그중에서 189건은 한글로 된 자료다. 한글 자료는 대부분 한글 편지이며, 순천김씨 가족 사이에 오고간 편지다. 친정어머니 신천강씨가 딸(순천김씨) 등에게 보낸 120여 건, 친정아버지 김훈이 딸(순천김씨)에게 보낸 10여 건 그리고 남편 채무이가 순천김씨(아내)에게 보낸 30여 건 등이 있다. 남편 김훈이 예순이 다 된 나이에 관직(찰방)에 나아가게 되었고, 이어 첩을 들이게 되었다. 신천강씨는 자신의 타들어 가는 속내를 딸에게 털어놓았다. 그 속사정을 엿볼 수 있는 편지를 두어 편 골랐다. 현대어역은 조항범(1998)과 백두현(2016)을 참조했다.

【현대어역】

① 1550~1592년, 신천강씨(어머니) → 순천김씨(딸)

또 내 (애간장) 마르고 말라 민망하구나. 재상에 오른 사람도 첩이 없는 이가 많은데 (네 아버지는) 예순 나이에 말직末職 찰방이 되더니, 호기롭게 사치 부린다고 첩을 들였단다. 아무리 내가 고생스럽고 서러워 이렇게 중병이 들어 있어도 이를 헤아려 주지 아니하니, 그 애달픔과 노여워함이야 어디에다 견주겠느냐 (…) 내 팔자 이리 사납게 되었으니 속절없구나. 내 이제 죽는다 해도 누가 불쌍타 하랴.

② 1550~1592년, 신천강씨(어머니) → 순천김씨(딸)

종이나 남이나 시새움한다 할까 하여 남에게는 아픈 사색辭色도 아니하고 있다. 너희를 보고 서럽게 여길 뿐이지마는 마음 둘 데가 아주 없어 편지를 쓴다. 일백 권에 쓴다 한들 다 쓰겠느냐? 생원에게는 말하지 말며 사위들과 남들에게 다 이르지 말고 너희만 보아라. 종잇장을 못 구해 쓰지 못하겠구나. 이렇게 앓다가 아주 서러우면 내 손으로 죽으리. 말없이 있다가 소주를 맵게 해 먹고 죽으려고 요사이 계교를 해두었다. (…) 보고 불에 넣어라.

[뒷면] (네 아버지가 발기 첩을 들이고는) "내 이년이 밉지 않으니 첩을 삼겠다. 잡말 말라. (당신이) 발기 것

미워라 미워라 하며 첩을 얻지 말라 할지라도 (나는)
이 계집아이를 얻었으니 다시 잡말 말라" 하고 있으
니 내가 무슨 말을 하겠느냐? 밤낮 첩을 데리고 문
닫고 방에 들어 있으면서 내게 편지도 세 줄에서 더
하지 않는다. 아들들까지도 나를 시샘한다 하니 나
는 열아흐레 날부터 아파 지금까지 앓고 있다. 누워
서 앓는 병이 아니어서 견디지마는 마음이 매양 서
럽고 천지가 막막하구나. 음식 먹지 않으면 종들이
나 기별할까 싶어 조석반朝夕飯은 받아먹는다.

③ 1550~1592년, 신천강씨(어머니) → 순천김씨(딸)

벌써 스무날이나 앓았지만 종들도 다 내 병을 모른
다. 선금이에게 내 몸을 의지하고 있다. 아들에게 편
지를 해도 몰라주더라. 딸자식도 못 보고 내 마음속
의 말을 다 못하니 죽을 지경이다. 내 병이 적으나마
나은 듯하여 이 편지를 쓰노라. 보고 내 뜻을 알아다
오. 내가 서러워한들 (네 아버지가) 나를 볼 것이냐?
내가 너희를 볼 것이냐? 이제 내 죽어 버리고 싶지만
생원(사위 채무이)이 병들까 싶어 차마 죽지 못하고
살아 있노라. 아무리 마음을 다잡자 해도 함께 살던

일이 잊힐 때 없이 그립구나. (네 아버지가) 나를 위하여 벼슬을 그만두겠느냐? 나를 위하여 첩을 내치겠느냐? 서러워 내가 죽을 것 같다. 이제 죽어도 서럽지는 않으나 자식들을 내 앞에서 없애고(혼인시키고) 죽으려 한다. 다시는 못 보겠구나. 학개를 장가들이지 못하니 그것이 서럽다. (…) 생원에게는 자세히 이르지 말거라. 두려워할 일이 없으니 내가 견디고 있다가 저(남편)를 보고 한 결단내고 말겠다. 별재別才나 하였던들 내 갑자기 이렇게 되었겠느냐?

【덧붙임】 김훈과 신천강씨는 세 아들과 네 딸을 두었다. 부부 사이가 나쁘지는 않았던 듯하다. 그런데 남편 김훈이 예순 살에 청도군 성현역의 찰방직을 맡게 되었다. 나이 들어 관직에 나아간 것이다. 조강지처 신천 강씨로서는 무척이나 기뻤을 것이다. 그런데 남편이 첩을 들였다는 것이다. 편지 ①은 신천강씨의 애달픔과 노여워함을 여실히 전해 준다. 재상에 올라도 첩 없는 사람들도 많은데, 미관말직에 나아갔다고 첩부터 들이다니, 하는 한숨과 함께 자신의 팔자가 사납게 되어 버렸다는 탄식이 새어 나오고 있다. 편지 ②에서, 신천강씨는 남

들이 시샘한다고 할까 봐 자신의 속 타는 마음을 드러내지도 못한다. 자식들에게나 털어놓는다는 것, 하지만 사위에게는 말하지 말라는 당부도 잊지 않는다. 심지어 아들들까지도 시샘한다고 하니 서럽고 또 서럽다. 남편에게 간곡하게 말해 봤지만, '잡말 말라'고 다그치기만 한다. 서러움이 극에 달하면 스스로 죽어 버리겠다, 매운 소주를 먹고 죽어 버리겠다는 생각도 해봤다는 것이다. 남편은 매일 첩과 붙어 있으면서, 자신에게는 겨우 세 줄짜리 편지를 보낼 뿐이라 한다.

편지 ③ 역시 거의 같은 맥락에 있다. 마음속의 말을 다 못하니 죽을 지경이라 한다. 남편이 자신을 위해서 벼슬을 그만둘 것 같지도 않고, 첩을 내치려고 하지도 않을 것이다. 차라리 콱 죽어 버리고 싶지만, 사위(채무이)가 병들까 싶어서 그리고 막내아들 학개 장가를 들이지 못해서 차마 죽지 못한다는 것이다. 참아 보다가 안 되면 남편과 결단을 내고 말겠다는 비장한 뜻을 딸에게 전하면서 편지를 맺었다.

곽주가 장모 벽진이씨에게

-『진주하씨묘 출토 언간(현풍곽씨 언간)』

【개요】1989년 곽주廓澍(1569~1617)의 후손들이 하씨 부인의 묘의 이장 작업을 하던 중 한 뭉치의 문서가 발견되었다. 그 안에 한글로 쓴 편지 147여 건이 있었다. 그중 곽주가 부인 진주하씨에게 보낸 편지 95건, 장모 벽진이씨(합산댁)에게 보낸 편지 2건, 노비 곽상에게 보낸 편지 1건이 있다. 진주하씨는 곽주의 후처이며(처음 혼인한 광주이씨가 사망한 후 혼인했다), 사정이 있어 서로 떨어져 지냈다. 진주하씨에게 보낸 편지가 많은 것은 그 때문이다. 곽주는 과거에 응시하기는 했지만 합격하지 못한 것으로 보인다.

　여기서는 곽주가 장모 벽진이씨에게 보낸 한글 편지 2편을 살펴보기로 한다. 곽주가 아내에게 보낸 편지 내용을 보면, 실제로는 장모에게 더 많은 편지를 보냈던 것으로 여겨진다. 현대어역은 백두현(2019)과 이래호(2021)를 참조했다.

【현대어역】

① 1602년, 곽주(사위) → 벽진이씨(장모)

합산댁 상사리 근봉謹封

문안 아뢰옵고 요사이 추위에 모두 어찌 계십니까.

기별 몰라 밤낮으로 염려합니다. 나는 가슴이 아파

한 달 넘게 누워 있다가 적이 낫거늘 부득이한 일로

어제 소례에 왔다가 내일로 도로 가옵니다. 마침 아

는 사람이 먹으라고 주기에 쇠고기 네 오리, 전복 열

낱을 비록 적지마는 한때나마 잡수시게 보내옵니다.

그지없어서 이만 아뢰옵니다. 초계에서 온 손님에게

는 종이가 없어서 편지 못하옵니다. (저 대신에) 기별

해 주십시오. 임인년 시월 열엿샛날 사위 곽주

② 1612년, 곽주(사위) → 벽진이씨(장모)

문안 알외옵고, 요사이 기후 어떠하옵신고. 기별을

몰라서 밤낮 염려하옵니다. 벌써 안부를 여쭐 사람이

나 보내려고 했는데 종의 자식이 앓는 마마가 큰마마

인지 작은마마인지 자세히 몰라서 지금까지 못 보내

었더니 큰마마가 아닌가 싶어서 이제야 사람을 부렸

습니다. 자식들이 여럿 갔으니 얼마나 요란히 여기실

까 하고 염려하옵니다. 빨리 데려오고자 하였사오되
그래도 당시에는 의심이 없지 아니하여 이 달이나 지
나거든 데려오려 하옵니다. 아우의 자식도 둘이 거기
에 가 있을 때에 언문을 가르쳐 보내시옵소서. 수고
로우시겠지만 언문을 가르치옵소서. 이 말씀을 드리
기 송구스러워하다가 아뢰옵니다. 나도 모를 심기고
타작한 후면 장모님 안전에 나아가 뵙겠습니다. 그지
없어서 이만 아룁니다. 임자년 오월 열닷샛날 사위
곽주 아룀

【덧붙임】편지 ①은 1602년 곽주가 장모 벽진이씨에
게 보낸 것이다. 곽주는 1602년 이전에 진주하씨와 혼
인했음을 알 수 있다. 안부를 묻고 자신의 근황을 얘기
한다. 가슴앓이 병을 앓았다는 것, 어제 소례에 왔다가
돌아간다는 것 그리고 마침 아는 사람이 준 것인데 쇠
고기 네 뭉치, 전복 열 개를 적지만 드시라면서 보낸다
는 사연을 적었다. 곽주가 아내에게 보낸 편지에서도 장
모에게 음식을 보내 드리라고 말하는 구절이 몇 차례
확인되는 만큼, 평소에도 관심을 가지고 봉양에 힘썼음
을 알 수 있다. 편지 ②는 10년이 지난 후 다시 장모에게

보낸 편지에 해당한다. 아내에게 보낸 편지에서 "장모께도 편지가 갔네. 거기에서도 편하시다 하네" 하는 구절이 보이는 걸로 보아, 전해지지는 않지만 수시로 장모에게 안부 편지를 보냈음을 알 수 있다. 편지에서는 간단한 안부와 인편이 마땅치 않아 늦어졌다는 것을 말한 후, 자식들 여럿이 가 있으니 얼마나 번거로우실까 하는 염려를 말하고, 가 있는 동안 그들에게 한글을 가르쳐서 보내 달라는 부탁을 하고 있다. 어린 자식들에게 한글을 가르쳐 달라고 한 구절을 통해서 당시 어린아이 교육의 일단을 엿볼 수 있다.

이동표가 어머니 순천김씨에게
-『진성이씨 이동표가 언간』

|

【개요】숙종 대 문신이자 학자인 나은懶隱 이동표李東標 (1644~1700)가 어머니 순천김씨에게 보낸 한글 편지다. 그가 어머니에게 보낸 편지는 모두 17건으로, 과거시험을 보는 기간에 쓴 편지 7건, 관직 생활을 할 때 쓴 편지 7건, 과거시험 이전에 쓴 것으로 추정되는 3건이 있다.

과거시험을 준비하고, 심지어 시험을 치르는 기간 동안
에도 어머니에게 한글로 편지를 써서 보낼 정도의 효자
였던 셈이다. 그는 1677년(34세) 증광시 문과 회시會試에
장원으로 급제했으나 시험 부정 사건이 드러나 파방罷榜
되었다. 그는 과거 공부를 단념하고 성리학 공부에 몰두
했다. 하지만 어머니의 권고로 1683년(40세) 증광시 문
과에 응시, 을과乙科로 합격했다.

　여기서는 그가 향시鄕試를 거쳐 회시에서 장원으로 급
제한 이후 보낸 편지 그리고 최종 시험에 해당하는 전
시殿試를 치르고 최종 합격 발표가 난 이후 보낸 편지
2건을 골랐다. 현대어역은 이래호(2021)를 참조했다.

【현대어역】

①1683년, 이동표(아들) → 순천김씨(어머니)

즉각 발표가 나 장원 급제及第를 했으니 천행天幸이며
지금 (어머니께서 소식을) 고대하실 것이니 이놈을 급
급히 가라 하되 사흘 후에야 도착할까 하니 그사이
를 어찌 기다리실꼬 걱정합니다. 기운이나 계속하
여 평안하시며 모두들 무사합니까? 자식은 계속하
여 평안하니 염려 마십시오. 임금님께서 역질을 앓

고 계시는데 열흘이 지났으니 나라 근심이 그지없는
데, 극히 순하시다고 하니 지극한 경사입니다만, 좌
차 전시殿試는 초하룻날로 결정되었지만, 못 될 듯하
되 아직 알지 못하니 사나흘 기다려 전시가 쉽지 못
할 양이면 급급히 나려가려니와 아무쪼록 기운이나
조심 조심하시고 이(장원한) 기별 가면 어머님 마음
을 위로할 것이니 다행이며 (…) 다른 일은 하 걱정
마시고 되는 대로 하십시오. 계해 시월 스무엿샛날.
자식 동표

② 1683년, 이동표(아들) → 순천김씨(어머니)

예안에도 도문잔치 날을 미리 기별하셨습니까? 아
저씨네 부디 나오십시오 하고 원당 부인 아주머니,
아저씨께서 가시겠다고 하고 서울에서 기별하였으
되 늦게야 기별하셨으니 반드시 도문잔치에 미쳐서
는 오실 줄 기약을 못하겠지만 모두 오소서 하고 거
기 사람 보내십시오. 사촌四寸들이나 다 와 일가가 모
이면 얼마나 만족스럽겠습니까? 달래 아저씨는 어
찌 아니 오십니까? 그런 서운한 일 없으며 풍산風山
아주머니께서나 와 계십니까? 혹 아니 와 계시면 들

성은 멀고 추우니 기별도 못 하려니와 풍산으로는 사람 연하여 보내어 부디 오시게 하고 구담도 모두 다 오시게 하소서. 하회 누의님도 오십니까? 부디 담바위나 뭇 뒤나 다 사람 여러 번 보내십시오. 이 대구 말린 것은 임금님께서 술 먹이실 적 주신 대구이오니 어머님께 드리려 하고 가져왔는데, 먼저 보냅니다.

【덧붙임】소퇴계小退溪로 불리던 이동표는 시험으로서의 과거에 전념하지 않았으며, 관직에 나아간 후에도 여러 차례 사직을 반복했다. 그는 파방한 후에 과거시험을 포기했다. 효자였던 그는 어머니의 권유를 뿌리칠 수 없었고 1683년(숙종 9) 증광시 회시에서 장원으로 급제했다. 편지 ①은 그 직후에 쓴 것으로, 장원의 기쁨을 빨리 전하고자 하는 마음을 읽을 수 있다. 그러면서도 전시가 늦어질 듯하며, 많이 늦어지면 급히 내려가겠다는 뜻을 전한다. 편지 ②는 최종 시험 전시 합격자 발표가 난 이후에 보낸 편지다. 편지 ①과 ② 사이에 그는 두어 차례 어머니에게 편지를 보내고 있다. 어머니 역시 친필로 아들에게 편지를 보냈음을 알 수 있다. 여러 변수가 작용하는 전시에서의 성적은 병과丙科 일등으로 그다지 좋은 편

은 아니었다. 하지만 과거에 합격했다는 것은 대단한 영광이었으며, 당시의 관례대로 과거에 합격한 사람이 돌아와서 베풀던 잔치, 즉 도문잔치[到門宴]를 열어야 했다. 그 잔치에 초대할 가족들을 일일이 챙기면서 기별할 것을 말씀드리고 있다. 사촌이나 일가가 다 모이면 얼마나 만족스럽겠는가, 나아가 외가와 처가 가족까지 모두 오시라는 연락을 드리라고 한다. 그는 필시 일가친척 앞에서 무척이나 자랑스러워할 어머니의 모습을 상상했을 것이다. 왕이 하사하신 대구 말린 것을 어머니께 드리려고 가져왔으며, 그래서 편지와 함께 먼저 보낸다는 말로 편지를 맺고 있다. 참고로 덧붙이면, 그의 어머니는 1698년 (숙종 24) 세상을 떠났다. 이동표는 지나친 슬픔으로 건강을 해쳤으며, 삼년상을 다 치르지도 못했다. 1700년(숙종 26), 그는 어머니 묘소 앞 여막에서 세상을 떠났다.

추사 김정희가 아내 예안이씨에게 보낸 편지
-『추사 언간』

【개요】 추사 김정희(1786~1856)는 조선 후기 지식인

으로 추사체라는 독특한 서체를 창안했을 뿐만 아니라 대표적인 고증학자, 금석문학자로 널리 알려져 있다. 한문 문화에 정통한 석학이었던만큼 수많은 한문 편지를 남겼지만, 그는 한글 편지를 쓰기도 했다. 그가 남긴 한글 편지는 40건에 이르는데, 그중에서 38건이 부인 예안이씨에게 보낸 것이다. 대구 감영에서 아내에게 1건, 장동 본가에서 대구 감영에 가 있는 아내에게 10건, 온양 가 있는 아내에게 3건, 예산 가 있는 아내에게 3건, 제주도에 유배된 추사가 예산의 아내에게 15건, 평양 감영에서 아내에게 5건, 어디선가에서 예산의 아내에게 1건 등이다.

여기서는 제주도에서 유배된 추사가 예안이씨에게 보낸 두 편을 골랐다. 추사가 아내에게 보낸 마지막 편지에 해당한다. 현대어역은 이래호(2021)를 참조했다.

【현대어역】

① 1842년, 김정희(남편) → 예안이씨(아내)

경득이 돌아가는 편에 보낸 편지는 어느 때 들어갔소? 그 후로는 선편이 거래가 막히어 소식을 오래 못 들으니 어느덧 동지가 가까운데 편찮으심 어떠하시

오? ㄱ증이 졸연 완전히 낫기 어려우나 더하고 덜하
신 상태가 어떠하시고 벌써 석 달이 넘었으니 원기
모든 것이 오죽 패하였으랴 이렇게 멀리서 동동 염
려 어떻다 할 길이 없으며 자고 먹는 모든 것은 어떠
하오? 이 동안은 무슨 약을 자시며 아주 자리에 누워
지내오? 간절한 심려 갈수록 진정하지 못하겠소.

강동은 요사이 어떻게 지내며 겨울철을 맞이하여 오
래 묵은 병이 옛날 그대로 번번이 일어날 듯하니 가
끔 두 가지의 걱정을 겸하고 작은 아이들은 특별한
일이나 다시 없으시오? 나는 아직 한결같으나 피풍
으로 가려움증이 지금까지 낫지 못하여 밤을 번번이
새우니 가뜩이나 변변치 않은 잠을 더구나 못 자니
실로 생활이 어려우나 먹고 마시는 모든 것이 그다
지 못하지 않으니 견디어 가겠소. 당신이 병환으로
밤낮 동동하여 소식을 썩썩 듣지 못하니 더구나 마
음이 조급하고 애가 타서 못 견디어들 하오. 하인배
들은 다 한결같으니 다행이오. 나는 식사도 겨울에
들어서서는 고기도 얻어서 고기 맛도 보니 그리 저
리 하여 이 겨울을 또 무사히 넘길 듯하오.

인편이 너무 없기에 제주 성에나 무슨 인편 있을지

대강 두어 자 안부만 이렇게 부치니 쾌히 평소처럼 회복하신 소식 이렇게 날로 기다리오. 그사이 경초선 편으로 응당 무엇이나 부치셨을 듯하나 병환 중에 심려되었을 일 이렇게 염려하며 서울에서들은 어찌들 지내고 미동에서 겨울철을 당하여 오죽하시랴 잊힐 길이 없소. 팔이 아픈 증상은 계속되어 겨우 이렇게 편지를 쓰고 있소. 임인 십일월 십사일 올림. 당신 생신이 가까우니 아이들하고 함께 지내실 일 멀리서 생각뿐이오.

② 1842년, 김정희(남편) → 예안이씨(아내)

전편 편지 부친 것이 인편에 함께 갈 듯하며, 그사이 새 본관이 오는 편에 영유의 편지 보니, 이사이 연하여 병환을 떼지 못하시고 한결같이 덜했다 더했다 하시나 보니 벌써 여러 달을 편찮으시어 모든 근력이 오죽하시겠소? 우록전을 자시나 보니 그 약에나 쾌히 차도가 있을지 멀리서 심려 초조하고 간절하기 형용 못하겠소. 나는 전편 모양이며 그저 가려움증으로 못 견디겠소. 갑쇠를 아니 보낼 길 없어 이렇게 보내나 그 가는 모양이 참혹하고 딱하니 객중에 또

한층 심회를 진정하지 못하겠소. 급히 떠나보내기에
다른 사연 길게 못 하오. 임인 십일월 십팔일. 올림.

【덧붙임】편지 ①은 추사가 아내에게 1842년 11월
14일에 써서 보낸 것이다. 추사는 아내에게 보낸 편지
에서 병에 대해 걱정하곤 했는데, 이 편지에서는 아내
의 병은 낫기 어려운 병인데 상태가 어떠한지, 조금의
차도가 있는지 궁금해하며 석 달 동안이나 소식을 모르
니 멀리서 발을 동동거리며 염려하는 모습을 전해 준
다. 안타깝게도 아내는 그 편지를 읽지 못했다. 아내는
1842년 11월 13일, 그러니까 하루 전에 이미 세상을 떠
났다.

편지 ②는 편지 ①을 쓴 지 나흘째 되는 날, 11월
18일에 쓴 것이다. 새로 제주도로 부임하는 관리가 제
주도에 오는 편에 아우 상희의 편지를 받아 보았다는
것, 아내의 병이 한결같이 더했다가 덜했다가 하는 정도
라는 것을 알았다는 것, 우록전이란 약으로 차도가 있을
지 마음을 졸이며 초조해한다. 추사는 수발을 들고 있던
갑쇠를 급히 보낸다. 갑쇠가 가는 모양이 참혹하고 딱하
다고 하면서 길게 적지 못한다고 했다. 이 편지는 아내

에게 쓴 마지막 편지가 되어 버렸다. 유배 가 있는 남편, 병을 앓다가 세상을 뜬 아내, 아내가 죽은 지도 모르고 애달픈 마음으로 간절한 편지를 쓰는 모습은 그야말로 눈물겹다.

추사가 아내의 죽음을 알게 된 것은 이듬해(1843) 정월 15일, 두 달 만에 아내의 부음訃音을 들었다. 추사는 자신의 절절한 마음이 담겨 있는 「부인예안이씨애서문夫人禮安李氏哀逝文」을 썼다. "부夫 김정희는 설위設位하여 곡을 하고 생리生離와 사별死別을 비참히 여기며 영영 가서 돌이킬 수 없음을 느끼면서 두어 줄의 글을" 쓴다고 했다. 그리고 "지금 끝내 아내가 먼저 죽고 말았으니 먼저 죽어 가는 것이 무엇이 유쾌하고 만족스러워서 나로 하여금 두 눈만 뻔히 뜨고 홀로 살게 한단 말이오. 푸른 바다와 같이 긴 하늘과 같이 나의 한은 다함이 없을 따름이외다"라고 글을 맺었다.

그는 소상이 가까운 무렵 며느리 풍천임씨에게 보내는 편지에서 이렇게 탄식했다. "아내의 소상이 가까웠으나 나는 멀리서 예와 같이 지내지 못하니 더욱 슬프다(쇼샹이 격월ᄒ나 여녜이 지내지 못ᄒ니 더욱 비결ᄒ다)."[1843년, 김정희 → 풍천임씨]. 그래도 슬픔이 다 가시지 않았는지 추사는 다음과 같은 시를 남겼다.

　　중신 할매 내세워 명부에 소송을 해서라도_{聊將月姥訟冥司}

　　다음 생에서는 부부가 바꿔 태어나_{來世夫妻易地爲}

　　나는 죽고 당신은 살아 천리 밖에 남는다면_{我死君生千里外}

　　이 마음 이 슬픔을 그대가 알련마는_{使君知我此心悲}

7 통사(역관)의 언간

조선시대 역관들은 중인 신분에 속하지만, 사대교린 事大交隣을 근간으로 하는 대외관계, 다시 말해서 '외교' 에서 중요한 역할을 했다. 현재 일본 대마역사민속자료 관對馬歷史民俗資料館에는 조선 통사들의 한글 편지가 63건 소장되어 있다. 그들 편지는 외국인에게, 일본인 통사 에게 보낸 한글 편지라는 점 그리고 발신자와 수신자가 모두 남성이라는 점에서도 흥미로운 자료라 할 수 있 다. 일부는 일본어로 번역되기도 했는데, 이는 상부에 보고하기 위해서 그런 것으로 여겨진다.

【개요】정승혜(2012)에 따르면 이 언간들은 1795년부 터 1810년경까지 쓰인 것으로 보이며, 1811년 신미통

신사행辛未通信使行이 이루어지기까지, 일본과의 역지통
신협상易地通信協商 과정에서 당사자였던 조선 통사들이
일본 통사에게 보낸 개인적인 편지들이다. 조선의 왜학
통사가 대마도의 조선어 통사에게 보낸 것으로, 일본어
가 아니라 한글로 작성하고 있다. 조선의 통사로는 박준
한朴俊漢(朴土正)(1730~1799), 현식玄烒(玄陽元)(1762~?), 현의
순玄義洵(玄敬天)(1765~?) 등이 발신자로 확인되며, 수신자
는 조선어 대통관 오다 이쿠고로小田幾五郎(1795~1810)다.
현식은 당시 정9품 훈도訓導로 박준한과 일본 측 역관
사이를 오가면서 심부름을 했던 것으로 보인다. 여기서
는 박준한과 현식의 편지 1편씩을 골랐다.

【현대어역】

① 1798년 10월 18일, 박준한(박사정) → 오다 이쿠고로

   이쿠고로 공께 올립니다

   밤사이 평안하신 줄 압니다. 저는 지금 올라가오니

   글피 일찍 내려오려 하거니와 구관수공舊館守公 입귀

   入歸의 약간의 사연辭緣은 공께서 다 조정하여 잘 하

   였거니와, 내년 봄에 기별이 내려올 때 누가 올지 제

   가 올라가서 모든 일을 사정에 따라 주선할 도리道理

가 있어야 하겠습니다. 이 말씀을 조용히 구관수께 자세히 하셔야 하고 이는 당신當身께서 주선하셔야 하는 일이오니, 금명간 조용히 계시고 제가 손을 쓸 수 있게 하시며, 그래서 모든 일이 피차에 착착 순조롭게 이루어지게 되면 구관수께서 부디 수빙사修聘使로 나오셔야 어긋날 일이 없을 것입니다. 그리하여야 저도 모든 일에 상의한 대로 하겠사오니, (구관수가) 수빙사로 나오시게 재삼 말씀해 주십시오. 이는 매우 중요한 일이기에 다시 말씀드리오니, 제가 손을 쓸 수 있는 길은 공이 구관수께 말해서 주선하실 것이고, 구관수가 입귀하는 것은 공께서 주선하시기에 달렸으니 이렇게 재삼 당부합니다. 보시고 즉시 없애십시오.

10월 18일 사정土正

② 1803년 2월 18일, 현식 → 오다 이쿠고로, 우시다 젠베이牛田善兵衛

봄날이 많이 추우니 두 분께서는 평안하신지 궁금하오며 저는 아직 무사하오니 다행이오나 구훈도공舊訓導公과 별차공別差公이 조정에 큰 죄를 지어 어젯밤부터 구금[嚴囚]되었으니 이처럼 놀랍고 근심스러운 일이 없습니다. 오늘 이후는 그 영감[令監](훈도)을 아무리 관아[館中]에서 보고자 하셔도 볼 도리가 없으니 박첨지 영감께서 내려오시기 전이라도, 제가 출입을 하더라도 어떻게 할 수[掣肘] 있는 일이 없을 듯해서 이렇게 기별하오니, 바깥 사정도 헤아리셔서 두루 잘 주선하여 수일간 서로 만날 수 있게 해 주십시오. 다른 난처한 사정이야 기별을 하지 않더라도 짐작하실 겁니다. 총총. 잠깐 적어 올립니다. 계해 2월 18일 양원[陽元] 현판관[玄判官](印)

【덧붙임】편지 ①은 박준한이 오다 이쿠고로에게 1798년(정조 22) 10월 18일 보낸 것이다. 서로 간에 모종의 상의가 있었고, 일이 잘 진행되도록 일본 통사 오다에게 내년 봄에 오는 수빙사로 구관수[舊館守]가 올 수 있도록 주선해 달라는 부탁을 하고 있다. 은밀히 보낸 편지이므로 읽고 나서 즉시 없애 달라는 요청까지 하고 있다. 극히 사적인 편지라고 할 수 있으며, 자신의 사적인 이익을 위해서 계교를 부리는 모습을 보여 주고 있다. 그 배경에는 조선과 일본 측 사이에 문제가 되던 역

지교섭통신易地交涉通信 건이 있다. 막부에 대해 교섭 과정을 보여 주기 위해 대마도에서는 박준한에게 뇌물을 주는 대신 조선 관료들의 공문서를 위조한 사건이 있었다. 그 사건이 드러나서 가담한 역관들은 처벌을 받았다. 그런 처벌이 있기 전에 박준한이 오다에게 보낸 편지다.

한편 편지 ②는 현식이 오다와 우시다 젠베이에게 보낸 편지로, 그 공문서 위조 건으로 인해서 (1799년 박준한 사망 이후) 관련된 역관들이 어젯밤에 체포되어 구금되어 있다는 소식을 전한다. 아울러 현재로서는 본인은 어떻게 해볼 수 없다는 사정을 알린다는 것 그리고 여러 사정을 헤아려서 잘 주선해서 다시 만날 수 있게 해달라는 부탁을 하고 있다. "다른 난처한 사정이야 기별을 하지 않더라도 짐작하실 겁니다"라는 구절을 통해서 대마도와 가까웠던 역관들이 난처한 상황에 처해 있다는 사정을 알리고 있다.

덧붙인다면, 박준한은 1799년(정조 23) 병으로 죽었으며, 현식은 그 소행을 알면서도 관에 고발하지 않았다는 이유로 유배당했다가 얼마 후에 사면되었다. 반면에 문서 위조 사건을 고발한 현의순玄義洵(玄敬天)(1765~?)은 가

자加資의 은전을 입었다. 핵심 사안이 되는 역지교섭통

신 건은 1809년(순조 9) 대마도에서 막부 측 사자使者와

정3품당상 역관 현의순이 만나 통신사신행절목通信使信行

節目을 강정講定했으며, 1811년(순조 11) 신미통신사행이

이루어지게 되었다.

8 승려의 언간

유교국가 조선의 건국과 더불어 불교와 승려의 사회
적 지위는 크게 변했다. 주자학적 세계관의 보급과 유행
에 밀려 사회적으로 주변적인 위치로 밀려났다. 하지만
임진왜란 같은 전란기나 개화기 등의 전환기에는 승려
들의 활동 반경이 확대되기도 했다. 한글 창제 과정에서
일부 승려도 참여했을 뿐만 아니라 창제 이후 한글로
지은 불교 가사나 불경 언해 등을 보면 한글과 불교계
는 관련이 깊다. 한글 편지와 관련해서는 현재 한 건 확
인되는 정도다.

【개요】예산 수덕사 근영성보관에 승려가 쓴 언간 한
건이 소장되어 있다. 1774년(영조 50) 한지(28.9×43.2cm)

[그림31] 「문수사 청련암 지장시왕도 복장 설훈 스님 간찰」, 수덕사 소장

에 쓰인 언간으로 충남유형문화재 제173호다. 명칭은
「문수사 청련암 지장시왕도 복장 설훈 스님 간찰文殊羅漢
殿泰安奧住化所雪訓簡札」. 명칭으로 보아 복장 유물이다. 한
글로 쓴 사람은 승려 설훈雪訓, 받는 사람은 그의 스승으
로 여겨진다. 작성 연대와 쓴 사람이 분명할 뿐만 아니
라 승려가 쓴 한글 편지라는 점에서 의미가 크다. 현대
어역은 수덕사 근역성보관 소장 자료 소개를 참조했다.

【현대어역】

　1774년, '문수사 청련암 지장시왕도 복장 설훈 스님

간찰'

[바깥면] 자봉自封 문수나한전 태안오주화소泰安奧住化所

소승 설훈 엎드려 아룁니다.

황공하고 두려워하여 문안 아뢰옵니다. 하서下書 아뢰

온 후로 잘 지내고 계시는지 몰라서 기체후 평안하시

온지 복모伏慕 아룁니다. 소승小僧도 하념下念 입사와 무

고無故하오니 상덕上德이온가 생각하옵니다. 다름이 아

니오라 마곡麻谷寺 성조成造 물린다 하고 화주化主 기별

왔기에 이 화주님 편으로 다시 기별 즉시 아뢰오니 급급

히 사람을 시켜 빨리 경경哽哽 중 흥정을 보내시고 또 금

이 이곳에서 두어 뭇 남짓 올라가오니 10속束만을 가져

오게 하옵소서. 날은 금월 11일로 시작하시고 서울 가

다녀올 사이에 바탕 명주 먼저 바꾸어다가 일을 얼른 하

겠습니다. 성조를 급히 급히 차리소서. 말씀 대강 아뢰옵

니다.

【덧붙임】 승려 설훈이 자신의 스승에게 보낸 것이다.

우선 문안 인사를 전하고 자신의 근황을 전한 다음 사

안에 대해서 언급하고 있다. 흥주사興住寺에서 마곡사麻谷

寺에서 만든 것을 무른다는 연락이 왔으니 급히 처리해

달라고 부탁한다. 이어 다른 불사에 쓰일 금을 보내니
1774년 2월 11일 착수하게 해달라고 하는 내용이다. 승
려 설훈은 당호가 관허당寬虛堂, 觀虛堂이며, 1720년대 후
반에 태어나 승려 각총覺聰에게 불화를 배우고, 1750년
대 후반부터 불화의 조성과 불상의 중수·개금을 주도
한 것으로 알려져 있다. 그는 불화와 조각에 모두 뛰어
난 당대 최고의 불화승이자 조각승이었다 한다. 그는
1774년 서산 문수사 청련암「지장시왕도」를 그렸는데,
「지장시왕도」화기에 '쌍봉산인雙峯山人 설훈雪訓'이라 적
혀 있다. 이 언간은 그「지장시왕도」와 같이 들어 있었
던 것으로 여겨진다.

맺음말

1 언문과 언간

현재까지 소개된 언간 자료는 3천여 건에 이르고 있다. 이 언간들의 분포를 보면 15세기 이른 시기부터 19세기 말에 이르기까지 폭넓게 펼쳐져 있다. 보내는 사람(발신자)을 기준으로 본다면, 언간은 성별과 나이, 남녀노소에 얽매이지 않았으며, 또한 최고 지엄한 존재인 왕에서부터 가장 낮은 노비에 이르기까지 누구나 이용할 수 있었다. 그런 측면에서 보면 한글은 '소통'의 문자이기도 했다.

조선 사회의 지배층이라 할 수 있는 양반 사대부 남성들은 한문에 능통해서 자신들의 소통에 서는 '진서'라 불렸던 한문 간찰을 주고받았다. 하지만 그 남성들도 여성 혹은 부녀자와는 불가분의 관계에 있었다. 가족

관계에서는 남성만으로는 존재할 수 없다. 할머니, 어머니, 딸로 이어지는 직계 그리고 가족을 이루는 아내, 아내 가족의 부모 등과의 관계 역시 인생사에서 중요한 부분이다. 그래서 그들에게 소식을 전하고 안부를 물을 때면 한글로 편지를 쓰곤 했다. 그런 측면에서 한글은 '배려'의 문자이기도 했다.

한자 문명권 내지 한자 문화권이라는 측면에서 보면, 조선이나 일본, 베트남의 경우 문명의 중심 역할을 하는 한자, 즉 한문을 염두에 두면서, 동시에 다른 한편으로 자국의 언어, 문자의 독자성을 추구하지 않을 수 없었다. 조선의 '한글', 일본의 '가나', 베트남의 '자남字喃'(쯔놈) 등은 한자에 대비되는 자국 문자로서의 위상을 갖는 것이었다.

때문에 조선, 일본, 베트남에서는 일종의 이중적인 문자 체계, 그러니까 이중 구조diglossia를 이루고 있었다. 문자를 사용하는 계층과 영역 등에서 차이가 있었다. 하지만 소통과 배려라는 속성, 더욱이 문해文解라는 측면에서는 자국의 문자 체계, 한글은 더 많은 구성원들에 의해서 공유될 수밖에 없었다. 더욱이 시대의 흐름과 더불어 동양과 서양에서 보편적인 중세 문명을 넘어서 개별 국가의 독자성을 추구하는 조류가 형성되면서 자국 문자는 한층 더 중요성을 더하게 되었다. 그것은 중세 보편성의 해체와 개별 국가의 독립으로 특징지어지는 근대적인 의미의 내셔널리즘Nationalism의 등장과도 관련되어 있다.

거시적으로 조선의 역사에서 보면 한글이 언문의 지위를 넘어서 국문으로서의 위상을 차지하게 되는 것은 1894년에 이르러서였다. "법률과 칙령은 모두 국문을 기본으로 하고 한문으로 번역을 붙이거나 혹은 국한문을 혼용한다"는 칙령은 기념할 만한 것이었다. 하지만 한자와 한문의 관성이 있기 때문에 하루아침에 '국문'으로 전환될 수는 없었다. 그래서 '국한문'을 혼용했으며, 그때부터 국한문 혼용체가 유행하게 되었다. 언간, 즉 한글로 쓴 편지의 위상 역시 달라질 수밖에 없었다.

근현대사의 굴곡에도 불구하고 한글은 그 체계성과 과학성에 힘입어 여전히 그 빛을 발하고 있다. 여러 측면에서 비슷한 점이 많은 베트남의 경우, 결국 독자적인 문자 체계를 갖추지 못했으며, 알파벳으로 자국의 발음과 의미를 표기해야 하는 상황이 되고 말았다.

2 언간이 갖는
의미와 가치

조선시대 언문 사용과 범위의 제약성은 그대로 언간에 적용되는 것이기도 했다. 그것은 언간을 주고받은 사람들의 성별에서도 나타난다. 16세기 중반 이래 많은 언간 자료가 전해지지만, 그들 중에서 남성 사이에 주고받은 것은 찾아보기 어렵다. 언간을 보면 대부분 발신자나 수신자 중 어느 한쪽은 여성이다. 대체로 여성을 중심으로 사용된 것이다. 그래서 '내간內簡'이라 불리기도 했다.

하지만 이미 앞에서 보았듯이, 왕이나 사대부를 비롯해 한글 해득 능력이 있는 하층민에 이르기까지 거의 전 계층의 남성이 발신자가 될 수 있었다. 그와 동시에 수신자도 될 수 있었다. 지식인 남성 사이의 전유물처럼 되어 있던 한문 서찰과는 달리, 언간은 어떤 특정한 계층에 관계없이 남녀 모두가 공유할 수 있었다. '소통' 범위로 따지자면 언문과 언간은 한자와 한문을 넘어서고 있었다.

조선 후기에 등장하는 한글 간찰 서식집의 등장은 지극히 상징적이다. 그런 서식집에 따르면, 남성과 남성 사이에서 오고가는 한글 편지의 양식과 격식 등에 대해서 정형적으로 정리하고 있다. 더구나 그런 서적이 '방각본'이라는 상업적인 목적을 위해서 판각되었다는 것은, 그만큼 수요가 있었음을 말해 준다. 그런 서적이 실제 언간 작성에 얼마나 많은 참조가 되었는지에 대해서는 정확하게 말하기는 어렵지만, 남녀노소를 막론하고 주요한 의사소통의 통로가 되었음을 말해 주기에는 충분하다.

〈제4장 언간의 세계, 그 맛보기〉를 통해서 조금이나마 그 맛을 볼 수 있었을 것으로 기대된다. 지엄한 왕이나 왕비 역시 일상생활에서는 여느 사람들과 다를 바 없었다. 공적 문서에서는 찾아볼 수 없는 가족에 대한 짙은 사랑이 있었고, 가족 구성원들의 마음 아픈 일에는 같이 안타까워했다. 아버지로서의 왕은 딸에게 무한한 애정과 관심을 쏟기도 하고, 때로는 딸들의 똑같은 일률적인 편지에 대해서 나무라기도 했다. 시집간 딸에 대해서, 그녀의 신혼 생활의 행복과 관련해서 애정이 듬뿍 담긴 가벼운 농담을 던지기도 했다. 인선왕후는 옥동자 같은 남편 곁에서 시어머니, 시할머니 모시고 행복하게 살 테니, 우리 같은 사람 생각이나 하겠냐는 식으로 적고 있다.

뿐만 아니었다. 조선시대 유교 하면 흔히 떠올리기 쉬운 삼강오륜, 열녀와 수절 같은 엄격한 이미지와는 달리 실제 부부간의 생활에서는 은은한 사랑과 깊은 애정이 묻어 나오고 있었다. 천리 밖에서 보내온 편지와 몇 가지 선물이 외로운 마음을 달래 주었을 뿐 아니라 일생의 보물이 되고는 했다. 그래서 그 편지를 무덤 속에까지 가지고 갔던 것이다. 오로지 두 사람만 알고 있었을 그 사랑의 이야기는 몇 백 년 후에, 우연히 드러나게 되어 보는 이들의 심금을 울리기도 했다. 그 무엇보다 '진정성'을 지니고 있기 때문이다. 또한 시공간을 넘어서는 인간의 마음과 정신의 보편성을 새삼 확인시켜 주기도 한다.

보내는 사람이 있고 받는 사람이 있는 언간의 속성상,

역사적인 맥락을 조금만 깊이 파고들어가 보면 구체적인 현실과 만날 수 있다. 일상과 예상을 벗어나는 언간일수록 그러했다. 예컨대 현종의 비 명성왕후가 유림의 종장 송시열에게 보낸 언간은 조정의 세력 구도를 과감하게 재편하는 정치적 의미를 지니고 있었다. 명성왕후는 송시열에 대해서 "유학자의 종주宗主"라고 칭송했으며, 이에 대해 송시열은 명성왕후를 가리켜 "여중요순女中堯舜", 여인 중의 요, 순 임금이라는 표현까지 구사했다. 그 시대에 격동을 일으켰던 정치적 격변 이면에는 그 같은 드러나지 않은, 하지만 실제적인 영향에서는 핵심적인 정치적 연합 시도도 있었던 것이다.

실제 정치 세계에서 막강한 힘을 행사했던 왕비들도 있다. 예를 들면 순조 비 순원왕후나 고종 비 명성황후가 그러했다. 그들은 많은 언간을 남기고 있는데, 그 내용을 보면 실제 정치에 깊이 관여하고 있었음을 알 수 있다. 정치사, 제도사, 법제사 같은 공적인 측면을 파고들어도 알아낼 수 없는 부분들이다. 정권 실세로서 그들은 언간을 통해서 가까운 사람에게 자신의 정치적 의중을 분명하게 전달했고, 그 메시지에 따라 그들 정치세력은 일사불란하게 움직여 가기도 했다. 종래의 남성 중심적인 관점에서는 알아차리기 힘든 부분이라 할 수 있다.

요컨대 언간에서 다루어지고 있는 내용을 보면 삶의 거의 모든 영역에 이르고 있다. 언간의 세계는 무궁무진하다. 단순히 '언간'에만 머물지 않는다. 이 언간 자료들은 성격은 조금씩 다르지만 당시의 생생한 삶의 모습들을 전해 주고 있기 때문이다. 희노애락喜怒愛樂과 생노병사生老病死 등을 모두 담고 있다. 언간에는 인간사의 모든 것이 담겨 있다. 그야말로 삶의 다양한 실제 모습을 여실히 보여 주고 있다고 할 수 있다. 누구에게나 가능했던 일종의 보편적인 글쓰기였던 셈이다.

따라서 종래의 정치사, 제도사, 권력의 역사 등 표면에 드러나는 역사를 넘어서 미시적인 역사, 일상생활과 생활사, 생활 세계의 역사, 여성사 등, 겉으로 드러나지 않지만 중요한 역사에 주목할 수 있게 해 준다. 역사가 실제로 어떻게 움직여 갔는지 볼 수 있다. 따라서 아주 생생하게 살아 있는 역사 서술을 가능하게 해 준다. 언간에서 다루어지고 있는 내용을 보면 삶의 거의 모든 영역에 이르고 있기 때문이다.

3 공동 연구와 학제간 연구

언간을 접하게 되면 일차적으로 판독이 가장 큰 관건이다. 한글이라고는 하지만 오래전의 것이기 때문에 국어학 분야의 연구자가 아닌 경우 어려움에 직면하게 된다. 그 같은 언문 자료는 일차적으로 판독 작업을 거쳐서 현대어로 번역하는 작업이 수행되어야 한다. 역시 기초 작업을 수행하는 국어학과 국문학 분야의 역할이 확실히 크다.

현재 확인된 언간은 3천여 건에 이른다. 상당한 정도의 연구가 진척되어 왔으며, 지금도 진행되고 있다. 하지만 언간의 의미와 활용도를 생각하면 시간을 줄이기 위해서 효율적인 협업과 분업이 필요하며, 또 요청된다. 지역에 따라 혹은 연고에 따라 선택과 집중을 할 수 있을 것이다. 중복을 피하고 효율적인 연구를 위해서도 나름의 '전략'이 필요할 수 있다. 넓은 의미의 공동 연구와 좁은 의미의 공동 연구가 동시에 필요하다.

국어학과 국문학이 언간 연구에 기초적인 작업을 수행할 뿐만 아니라 중요한 비중을 차지하고 있다는 점에 대해서는 의문의 여지가 없다. 누구도 부인하지 않는다. 그렇다고 해서 한 학문 분야나 영역의 독점물은 아니라고 생각한다. 이미 지적했듯이 언간에 담겨 있는 내용과 범위는 인간의 삶 전반에 미치고 있기 때문이다. 같은 대상에 대해서 다른 측면에서 접근, 분석해 보는 것 역시 흥미로울 뿐만 아니라 서로에게 아주 유익하다. 언간이라는 생생한 자료와 당시의 상황을 다양한 학문적 관점에서 바라보고 재구성해 가는 '학제 간 연구'가 요청된다고 할 수 있다.

저자 후기

이렇게 아담한 책 한 권이 나온다는 사실은 설렘과 기쁨을 안겨주기에 충분하다고 하겠습니다. 하지만 그것이 전부는 아닙니다. 내심 약간의 두려움 같은 것도 없지 않습니다. 조선시대 역사를 공부하는 제가 언간諺簡에 관한 책을 쓰게 되었다는 사정에서 연유하는 듯합니다. 이 책이 나오게 된 그간의 사정을 간략하게나마 말씀드려야 할 듯합니다.

지금까지 조선시대 사회사, 신분사 등을 공부해오던 제가 직접 한글 편지 '언간'을 본격적으로 연구하게 된 것은 그리 오래되지 않습니다. 채 십 년을 채우지 못했습니다. 한문으로 된 자료들, 실록實錄, 방목榜目, 족보族譜, 문집文集 등과 같은 영역에 관심을 가져왔던 것이지요. 조선시대사 연구에서는 주로 한문 자료를 다루어 왔습니다. 한글 자료도 있습니다만, 자료의 분량이나 비중에서 확연히 달랐다고 하겠습니다. 한글 창제 이후 진서眞

書와 언문諺文이라는 구분, 그리고 언문으로 된 원래 자료를 한문으로 번역한 후에 그것을 보면서 논의했으며, 실록에서도 한문 번역본을 실었다는 사실 자체가 상징적이라 하겠습니다.

그런 탓에 언문 자료, 특히 한글로 쓰인 편지[언간]는 자연스레 제 공부 우선 순위에서 밀려날 수밖에 없었습니다. 그러다 우연히 기회가 닿아 교육부와 한국학중앙연구원(한국학진흥사업단) 「한국학총서」 '조선시대 언간을 통해 본 남성과 여성의 삶' 연구 사업에 공동연구원으로 참여하게 되었습니다[2016~2019]. 제 공부에 하나의 전환점이 마련된 것입니다. 공동 연구는 왕실의 남성과 여성, 사대부가의 남성과 여성 네 부분으로 구성되었으며, 제가 맡은 부분은 '왕실 여성의 삶'이었습니다. 무척이나 다행스럽게도, 공동 연구에 참여한 다른 교수님들은 오랫동안 언간 발굴, 판독, 현대어 번역을 진행해온 국어학 분야 전공자였습니다.

문외한이었던 저는 언간에 대해서 처음부터 공부해야 했습니다. 국어국문학 분야의 연구 성과를 자신의 것으로 만들어가면서, 동시에 그것을 역사학적인 관점에서 종합적으로 구성, 서술해내야 했습니다. 공동 연구에서는 워크숍을 거쳐 학술대회에서 발표를 하고, 그것을 토대로 논문을 써내야 하는 강행군이 이어졌습니다. 되돌아보면 힘들었지만 그래서 더욱 보람 있는 시간이었습니다. 그렇게 해서, 『조선시대 언간을 통해 본 왕실 여성의 삶과 생활세계』(역락, 2021)를 내놓을 수 있었습니다.

그동안 언간 공부를 하면서, 발표를 하고, 논문도 쓰고, 또 그들을 모아 한 권의 책으로 내놓고 보니, 어느 순간 언간에 대해서 조금은 알 것 같다는 느낌이 찾아와 주었습니다. 그래서 좀 더 여유를 가지면서 지금까지 쓴 논문과 책을 처음부터 끝까지 꼼꼼히 다시 한번 읽었습니다. 그랬더니 미처 알지 못했던 것이나 미흡한 부분이 눈에 들어왔습니다. 좀 더 수정과 보완이 필요하다는 것도 느꼈습니다.

마침 그 무렵, 한국국학진흥원으로부터 「한국국학진흥원 교양학술총서: 고전에서 오늘의 답을 찾다」의 한 책으로 '한글 편지[언간]'에 대해서 써주었으면 좋겠다는 집필 의뢰를 받게 되었습니다. 고마운 일이지만, 제대로 해낼 수 있을까 하는 생각이 들었습니다. 그런데 언간 자료를 같이 읽어가면서 저보다 훨씬 더 흥미로워했던 덕강[남편]이 이번 기회에 한 번 써보는 것이 좋지 않겠냐고 적극 권유했습니다.

처음 언간을 접하고, 이해하고, 공부해온 과정을 그대로 한 번 정리, 서술해보라는 거였죠. 그렇게 경험을 토대로 소박하게 말해주는 것이 오히려 교양서로는 좋을 것 같다, 역사 연구자로서 한글 사료 내지 자료로서의 언간을 설명해주는 것도 의미 있는 일이다, 언간은 일차적으로 국어학자들의 '판독' 작업을 거쳐야 하지만, 바야흐로 '공동 연구'와 '학제간 연구'가 필요하다는 식이었습니다. 학문의 선배 입장에서 해주는 고마운 조언이었습니다.

지금까지 제가 언간에 대해서 어떻게 관심을 갖게 되었으며, 그동안 논문과 책을 쓰고, 마침내 이 책까지 쓰게 된 일련의 과정을 다소 거칠게나마 말씀드렸습니다. 저자로서의 기쁨과 설렘 외에 더 느끼게 되는 약간의 두려움 같은 것은 이런 사정 때문이라 하겠습니다.

본 총서는 순수 교양서를 지향하기 때문에 학술 논문처럼 본문에 자세한 각주를 일일이 달지 않았습니다. 당연한 것이지만 이 책을 쓰는 과정에서는 이미 나와 있는 국어학 분야 연구 성과로부터 많은 도움을 받았습니다. 언간에 대한 제 공부가 다른 방식으로 이어진 것이라 해도 좋겠습니다. 혹여 본의 아니게 잘못했거나 빠트린 부분이 있다면, 그에 대한 책임은 전적으로 제게 있다고 하겠습니다. 그런 만큼 따뜻한 지적과 아울러 가르침을 기다리고자 합니다.

끝으로 이 자리를 빌려 고마움을 전하는 것으로 이 글을 마무리하고자 합니다. 한국국학진흥원과 김종석 소장님(국학연구소)은 좋은 기회를 마련해주셨습니다. 은행나무출판사와 편집부는 번거로운 교정과 편집 작업을 거쳐 아담한 책까지 만들어주셨습니다. 후의에 깊이 감사드립니다.

2023년 7월 29일
관저헌에서
이남희

| 참고문헌 |

원문 자료

명성황후언간明成皇后諺簡, 목릉신한첩穆陵宸翰帖, 선세언독先世諺牘, 선세언적先世諺蹟, 선찰先札, 순명효황후언간純明孝皇后諺簡, 순원왕후어필純元王后御筆, 순원왕후어필봉서純元王后御筆封書, 순천김씨묘출토언간, 신창맹씨묘출토언간, 신한첩건宸翰帖巾, 신한첩곤宸翰帖坤, 이응태묘출토언간, 임창계선생묵보국자내간林滄溪先生墨寶國字內簡, 자손보존子孫寶傳, 정조어필한글편지첩, 진성이씨眞城李氏, 이동표가언간李東標家諺簡, 진주유씨가출토언간, 청성간첩靑城簡帖, 청평위침공묘지명靑平尉沈公墓誌銘, 총암공수묵내간叢巖公手墨內簡, 해주오씨海州吳氏 오태주가吳泰周家『어필御筆』소재 명안공주明安公主 관련 언간, 현풍곽씨언간玄風郭氏諺簡, 조선왕조실록朝鮮王朝實錄 등. (자세한 원문 자료는 제2장 4절 참조)

단행본

김일근, 『李朝御筆諺簡集』, 신흥출판사, 1959.

_____, 『三訂版 諺簡의 硏究: 한글 서간의 연구와 자료집성』, 건국대학교 출판부, 1986·1991.

김일근·황문환·이종덕, 『秋史 한글 편지』, 예술의 전당 서울서예박물관, 2004.

박정숙, 『조선의 한글 편지: 편지로 꽃피운 사랑과 예술』, 다운샘, 2017.

배영환, 『조선시대 언간을 통해 본 왕실 남성의 삶』, 역락, 2021.

백두현, 『현풍 곽씨 언간 註解』, 태학사, 2003.

_____, 『한글 편지에 담긴 사대부가 부부의 삶』, 한국학중앙연구원출판부, 2016.

_____, 『현풍 곽씨 언간 주해』(증보판), 역락, 2019.

신성철, 『조선시대 언간을 통해 본 사대부가 여성의 삶』, 역락, 2021.

안대회, 『정조의 비밀편지: 국왕의 고뇌와 통치의 기술』, 문학동네, 2010.

이기대 편저, 『명성황후 편지글』, 다운샘, 2007.

이남희, 『조선후기 잡과중인 연구』, 이회, 1999.

_____, 『조선왕조실록으로 오늘을 읽는다』, 다할미디어, 2008.

_____, 『영조의 과거(科擧), 널리 인재를 구하다』, 한국학중앙연구원출판부, 2013.

_____, 『역사문화학: 디지털시대의 한국사 연구』, 북코리아, 2016.

_____, 『조선후기 의역주팔세보 연구』, 아카넷, 2021.

_____, 『조선시대 언간을 통해 본 왕실 여성의 삶과 생활세계』, 역락, 2021.

이래호, 『조선시대 언간을 통해 본 사대부가 남성의 삶』, 역락, 2021.

이병기, 『近朝內簡選』, 국제문화관, 1948.

이승희, 『순원왕후의 한글 편지』, 푸른역사, 2010.

장요한, 『『신한첩 곤』의 연구 및 역주』, 계명대학교출판부, 2019.

조용선, 『봉서』, 다운샘, 1997.

조항범, 『주해 순천김씨묘 출토 간찰』, 태학사, 1998.

하영휘 외 편저, 『옛 편지 낱말사전』, 돌베개, 2011.

혜경궁홍씨, 정병설 옮김, 『한중록』, 문학동네, 2010.

황문환, 『16, 17세기 언간의 상대경어법』, 태학사, 2002.

_____,『언간(諺簡): 조선시대의 한글 편지』, 역락, 2015.

황문환 외 엮음,『조선시대 한글 편지 판독자료집』1~3, 역락, 2013.

황문환 외,『조선시대 한글 편지 어휘사전』1~6, 역락, 2016.

한국정신문화연구원 편집부,『고문서집성: 義城金氏川上各派篇 3』, 한국
　　　정신문화연구원, 1990.

강릉시립박물관,『보물 제1220호 명안공주관련유물도록』, 1996.

건들바위박물관,『晉州河氏墓出土文獻과 服飾調査報告書』, 1991.

국립고공박물관,『국역 덕온공주가례등록』, 2017.

_____,『명성황후 한글 편지와 조선왕실의 시전지』, 2010.

국립청주박물관,『조선 왕실의 한글 편지, 숙명신한첩』, 2011.

국립한글박물관,『정조어필한글편지첩』, 2004.

_____,『곤전어필, 정조어필한글편지첩, 김씨부인한글상언』,
　　　2014.

_____,『한글 편지, 시대를 읽다』, 2015.

_____,『공쥬, 글시 뎍으시니: 덕온공주 집안 3대 한글 유산』,
　　　2019a.

_____,『덕온공주가의 한글』1~2, 2019~2020.

문화재청,『한글의 옛글씨: 조선왕조 어필』, 2009.

예술의전당 서울서예박물관,『朝鮮王朝御筆』, 한국서예사특별전, 2002.

_____,『한글서예변천전』, 한국서예사특별전, 1991.

_____,『추사김정희 명작전』, 한국서예사특별전, 1992.

충북대학교박물관,『淸州北一面順天金氏墓出土簡札』, 1981.

_____,『순천김씨묘 출토 간찰도록』, 학연문화사, 2002.

한국학중앙연구원 편,『조선시대 한글 간찰(언간)의 역주 연구 1·2·3』,

태학사, 2005.

_____, 『조선 후기 한글 간찰(언간) 영인본 1·2』, 태학사, 2005.

_____, 『조선 후기 한글 간찰(언간)의 역주 연구』 1~3, 태학사, 2005.

_____, 『조선 후기 한글 간찰(언간)의 역주 연구』 3~10, 태학사, 2009.

논문

강문종, 「징보언간록에 나타난 19세기 일상생활의 양상」, 『국제어문』 83, 2019.

김경순, 「추사 김정희의 한글 편지 해독과 의미」, 『어문연구』 75, 2013.

김남경, 「언간독과 증보언간독 비교연구」, 『민족문화논총』 24, 2001.

김완진, 「<先世諺蹟>에 對하여」, 『국어국문학』 55·56·57 합집, 1979.

김용경, 「명안어서첩 소재 언간에 대하여」, 『한말연구』 9, 2001.

김일근, 「明聖大妃 諺札에 對하여」, 『국어국문학』 49·50, 1970.

김일근·이종덕, 「17세기 궁중언간: 숙휘신한첩 ①~④」, 『문헌과해석』 11~14, 2000~2001

김효경, 『조선시대 간찰 서식 연구』, 한국학중앙연구원 한국학대학원 박사학위논문, 2005.

_____, 「조선후기에 간행된 간찰서식집에 대한 연구」, 『서지학연구』 33, 2006.

박부자, 「숙명신한첩의 국어학적 특징」, 『조선 왕실의 한글 편지 숙명신한첩어서끠 여사』, 국립청주박물관, 2011.

배영환, 「현종의 한글 편지에 나타난 자기 지칭어 '신'에 대하여」, 『국어국문학』 153, 2009.

_____, 「현존 最古의 한글 편지 '신창맹씨묘 출토 언간'에 대한 국어학적
인 연구」, 『국어사연구』 15, 2012.

배영환·신성철·이래호, 「〈진성 이씨 이동표가 언간〉의 국어학적 연구」,
『장서각』 30, 2013.

백두현, 「보물 1220호로 지정된 "명안공주(明安公主) 친필 언간"의 언어
분석과 진위 고찰」, 『어문논총』 41, 2004.

_____, 「조선시대 왕실언간의 문화중층론적 연구: 「숙휘신한첩」을 중심
으로」, 『진단학보』 97, 2004.

_____, 「조선시대 여성의 문자생활 연구: 한글 편지와 한글 고문서를 중
심으로」, 『어문논총』 42, 2005.

어강석, 「장서각 소장 순명효황후 관련 한글 간찰의 내용과 가치」, 『장서
각』 17, 2007.

이기대, 「19세기 왕실 여성의 한글 편지에 나타난 공적인 성격과 그 문화
적 기반」, 『어문논집』 48, 2011.

이남희, 「조선 후기 현종비 명성왕후 언간의 특성과 의미」, 『영주어문』
35, 2017.

_____, 「조선 후기 인현왕후 언간을 통해 본 왕실여성의 생활세계」, 『국
학연구』 37, 2018.

_____, 「조선 후기 간찰 서식집과 데이터베이스 구축 방안」, 『인문학연
구』 27, 2019.

_____, 「혜경궁홍씨(1735~1815)의 삶과 생활세계」, 『열린정신인문학
연구』 21-1, 2020a.

_____, 「정순왕후의 정치적 지향성과 생활세계」, 『원불교사상과 종교문
화』 84, 2020b.

_____, 「구한말 순명효황후(1872~1904) 언간의 특성과 의미」, 『영주어

문』45, 2020c.

_____, 「인선왕후(1619~1674)가 숙휘공주에게 보낸 언간의 생활사적
특성과 의미」, 『영주어문』51, 2022.

_____, 「인선왕후(1619~1674)가 숙명공주에게 보낸 시가 관련 언간의
생활사적 특성과 의미」, 『영주어문』53, 2023a.

_____, 「순조비 순원왕후(1789~1857) 언간을 통해 본 수렴청정과 세도
정치」, 『열린정신인문학연구』24-1, 2023b.

이래호, 「宋奎濂家 典籍 先札 所載 諺簡에 대하여」, 『어문연구』123, 2004.

_____, 「조선시대 언간 자료의 현황 및 그 특성과 가치」, 『국어사연구』
20, 2015.

이병로, 「선조 국문 유서의 국어학적 의의」, 『관악어문연구』21, 1996.

이종덕, 「17세기 왕실 언간의 국어학적 연구」, 서울시립대학교 박사학위
논문, 2005.

_____, 「조선시대 한글 편지의 특성과 필사 형식」, 『명성황후 한글 편지
와 조선왕실의 시전지』, 국립고궁박물관, 2010.

_____, 「정순왕후의 한글 편지」, 한국학중앙연구원 어문생활사연구소
제17회 공개강독회, 2013. 4. 17.

이종덕·황문환, 「숙명신한첩 판독문」, 『조선왕실의 한글 편지, 숙명신한
첩』, 국립청주박물관, 2011.

_____, 「흥선대원군이 아들에게 보낸 한글 편지」, 『문헌과 해석』66,
2014.

장윤희, 「선조 국문 유서(1593)의 언어와 포로 인식」, 『한국학연구』54,
2019.

전경목, 「한글 편지를 통해 본 조선 후기 과거제 운용의 한 단면」, 『정신
문화연구』34-3, 2011.

정승혜, 「朝鮮通事가 남긴 對馬島의 한글 편지에 대하여」, 『어문논집』 65, 2012.

최어진·박재연, 「정순왕후 한글 편지의 내용과 가치」, 『열상고전연구』 44, 2015.

한소윤, 「조선시대 왕후들의 언간 서체 특징 연구」, 『한국사상과 문화』 69, 2013.

황문환, 「남편 郭澍가 아내 晉州河氏에게 보내는 편지」, 『문헌과 해석』 4, 1998.

_____, 「조선시대 언간 자료의 현황과 특성」, 『국어사연구』 10, 2010.

_____, 「조선시대 언간 자료의 종합화와 활용 방안」, 『한국어학』 59, 2013.

웹사이트

국립중앙도서관 한국고전적종합목록시스템 (http://nl.go.kr/korcis)

국립중앙박물관 e뮤지엄 (https://emuseum.go.kr)

규장각한국학연구원 원문검색서비스 (https://kyudb.snu.ac.kr)

디지털장서각 (http://jsg.aks.ac.kr)

디지털한글박물관 (http://archives.hangeul.go.kr)

문화재청 국가문화유산포털 (http://www.heritage.go.kr)

계명대학교 동산도서관 (https://library.kmu.ac.kr)

강릉시 오죽헌·시립박물관 (https://www.gn.go.kr/museum)

한국고문서자료관 조선시대 한글 편지 (http://archive.aks.ac.kr/letter)

한국역대인물종합시스템 (http://people.aks.ac.kr)

| 그림 찾아보기 |

언간, 조선시대 한글로 쓴 편지

1판 1쇄 발행 2023년 10월 16일

지은이 · 이남희
펴낸이 · 주연선

(주)은행나무
04035 서울특별시 마포구 양화로11길 54
전화 · 02)3143-0651~3 ｜ 팩스 · 02)3143-0654
신고번호 · 제1997-000168호(1997. 12. 12)
www.ehbook.co.kr
ehbook@ehbook.co.kr

ISBN 979-11-6737-360-1 (93910)

ⓒ 한국국학진흥원 연구사업팀, 문화체육관광부
• 이 책의 한국어판 저작권은 한국국학진흥원과 문화체육관광부에 있습니다.
  신저작권법에 의해 보호받는 저작물이므로 무단 전재와 복제를 금합니다.

• 잘못된 책은 구입처에서 바꿔드립니다.